Nación **criminal**

Nación **criminal**

....

Héctor Domínguez Ruvalcaba

Ariel

Diseño de portada: José Luis Maldonado
Diseño de interiores: Iván Castillo Arteaga

© 2015, Héctor Domínguez Ruvalcaba

Derechos reservados

© 2015, Ediciones Culturales Paidós, S.A de C.V.
Bajo el sello editorial ARIEL m.r.
Avenida Presidente Masarik núm. 111, Piso 2
Colonia Polanco V Sección
Deleg. Miguel Hidalgo
C.P. 11560, México, D.F.
www.planetadelibros.com.mx
www.paidos.com.mx

Primera edición: abril de 2015
ISBN: 978-607-8406-74-6

La presente publicación ha sido arbitrada por pares académicos.

Impreso en los talleres de Litográfica Ingramex, S.A. de C.V.
Centeno núm. 162-1, colonia Granjas Esmeralda, México, D.F.
Impreso y hecho en México - *Printed and made in Mexico*

Índice

....

Introducción

....

Lo criminal y el Estado mexicano

EL TEMA DE ESTE LIBRO es la estrecha relación que el crimen organizado y el Estado mexicano mantienen en las diversas narrativas
producidas en este país desde el siglo XIX hasta el presente. Me en-
focaré en las representaciones de las actividades ilícitas que afectan
no solo la seguridad nacional sino los procesos políticos, económicos
y culturales del país. De ahí que este volumen se centre en sujetos
que fluctúan entre lo criminal y lo heroico. Para comprender a este
sujeto lo concibo en el marco de lo legal y el discurso oficial, así
como en relación con el sistema sexo-genérico, la economía y la
producción estética. Lo criminal constituye un complejo cultural
que se disemina por amplias zonas de la vida social.

Aunque investigaciones científicas recientes han ofrecido información empírica para reconocer las bases biológicas de la violencia,
el enfoque de este libro es la condición sociopolítica en la cual la
violencia se reproduce (Reine, 2013). El sujeto violento como un
actor en el espectáculo del odio y la destrucción no es la preocupación central en este trabajo, aunque la expresión violenta tiene que
ser el punto de partida para entender el sistema criminal. Entiendo
la violencia como un síntoma de desarticulación de la capacidad
política para garantizar los derechos humanos y la estabilidad social.

7

Se trata de un desafío central de nuestra época: el establecimiento de la necropolítica o la soberanía sumaria que decide a su arbitrio sobre la vida y la muerte (Mbembe, 2003: 16). Este libro pone en cuestión la idea del Estado-nación como una fuente de bienestar social, y parte del entendimiento de que la condición poscolonial de México ha generado desde el siglo XIX una cultura criminal.

La criminalidad no puede considerarse, por lo menos en el caso de México, solamente como una amenaza al Estado de derecho, sino como un factor que insistentemente desarticula y rearticula a las instituciones del Estado. En este círculo vicioso, los marcos legales y estratégicos del gobierno pronto son obsoletos. Esto sucede no necesariamente debido a la ausencia de fuerza oficial, sino por una falta de equivalencia entre la letra de la ley y las prácticas judiciales y socioeconómicas. Hablaré, entonces, no de un Estado débil ante las fuerzas criminales, sino de una cultura política donde la intervención de lo criminal es reincidente, de manera que la historia de México no se puede concebir sin las prácticas ilícitas de las autoridades, de la clase política y, consecuentemente, de amplios sectores de la sociedad. Por ello, *La nación criminal* no se basa en los archivos oficiales sobre las actividades criminales ni considera los marcos legales como puntos de partida para la definición del crimen organizado. Son las narrativas ficcionales y no ficcionales, las de la literatura, la historia, el cine y la plástica, las que nos permiten sacar a la luz y comprender el sentido de lo legítimo, lo tolerado, lo obligado y lo temido en las historias criminales mexicanas.

Para definir al crimen organizado en México no son suficientes los conceptos acuñados para los casos de las mafias norteamericanas y europeas, debido a que estas se han concebido en relación con un marco legal que las mantiene al margen de la regularidad ciudadana, mientras que en el caso que nos ocupa las organizaciones criminales deben su efectividad al hecho de que son parte constitutiva de las fuerzas de control social. No basta que México haya adoptado el sistema liberal republicano de aquellos países. Como señala Ileana

Rodríguez (2009: 12-15), las doctrinas liberales que dieron forma a los estados modernos de Europa y a los Estados Unidos no pueden universalizarse, en la medida en que estas mismas doctrinas han sido instrumentos para la colonización de las sociedades multiculturales, donde las violaciones de los derechos humanos son en sí mismas una forma de gobierno.

Para definir al crimen organizado en los Estados Unidos, Howard Abadinsky (1985: 1) parte precisamente de los atributos que las instituciones de justicia norteamericanas han identificado, a saber: "[...] no es ideológico; es jerárquico; posee una membresía limitada y exclusiva; se reproduce a sí mismo; exhibe una voluntad para el uso ilegal de la violencia y el soborno; se estructura con una división especializada del trabajo; es monolítico; se gobierna con reglas explícitas".

Aunque para describir al crimen organizado en el México moderno se pueden mantener los elementos de la jerarquía, la membresía exclusiva y la disposición a usar la violencia ilegal, los aspectos concernientes a la falta de ideología y las reglas explícitas de la definición que Abadinsky propone no se cumplen. Como podremos ver en sus diferentes representaciones, en las organizaciones criminales mexicanas existe un complejo componente ideológico y una serie de reglas implícitas y a veces imprevistas que caracterizan su funcionamiento. Para que las reglas del crimen organizado en México sean implícitas, es necesario que estén inscritas en un código de conducta sobrentendido en el ámbito de la cultura cotidiana. Por ello, al hablar de las normatividades que forman al criminal tendremos que remitirnos al sistema sexo-genérico, así como al discurso religioso y a las marcas de identidad nacional, y encontrar en estos las claves de la subjetividad criminal en el México moderno en sus tres etapas: la formación del Estado liberal en el siglo XIX, la época revolucionaria y posrevolucionaria, y el período dominado por la política neoliberal.

Hemos de hablar entonces de diversas modalidades de organización criminal a lo largo de la historia moderna de la nación, en la medida que el crimen tiene una fuerte presencia en el plano de lo político y de lo social, de manera que su hegemonía depende de su participación estrecha en las luchas por el poder y de su omnipresencia en las narrativas nacionales. Así, no se puede ignorar que el crimen organizado en el siglo xix es fundamental para la efectividad de la política liberal, que el Estado posrevolucionario se impone con la fuerza de una organización criminal que actúa como respaldo de su gobierno totalitario, que uno de los efectos del neoliberalismo es el relajamiento del control de la economía ilícita: esto lleva a la aseveración de que lo criminal, más que la legalidad, vincula a estos tres grandes períodos de la historia de México.

Lo criminal como ideología del mal

¿Cómo puede el crimen organizado manifestarse ideológicamente? Si lo ideológico consiste en conceptos que aglutinan a la sociedad, como Estado, derecho y democracia, el crimen organizado no tiene ideología. No obstante, la historia de México presenta una continuidad en la relación de las actividades criminales con los conflictos políticos, con lo que podemos concluir que, o bien la política nacional carece de legitimidad, o la criminalidad se legitima al participar en la política. La realidad social que describen las representaciones del crimen organizado en México conduce a la percepción de que la ley –no la letra de la ley sino su papel en el plano de la *Realpolitik*– no solo es inefectiva sino que también es enemiga de la sociedad. Esto conlleva una percepción generalizada de que es el Estado el mayor generador de la criminalidad en México. Por ello, es muy común que encontremos que se proclame héroes a piratas, bandidos y capos de cárteles por considerárselos defensores de la sociedad contra el Estado criminal, de manera que los criminales terminan constituyéndose en fuerzas insurrectas. Esta heroización se expresa tanto en la cultura popular como en la "alta cultura", de manera que nutre las narrativas más exitosas desde la novela decimonónica hasta la música popular y el cine contemporáneos.

La ideología del crimen consiste en un llamado a violentar la ley en nombre de la legitimación de prácticas económicas, políticas y culturales que no se ajustan a los mandatos del Estado. La molestia ante la ley permea todos los ámbitos de la representación. Las narrativas e imágenes que componen el corpus de análisis de este libro se plantean, entonces, como artefactos culturales que describen la formación de una hegemonía de los grupos criminales. Digo que las representaciones de lo criminal son hegemónicas por considerarlas de amplia aceptación y, por lo tanto, porque ejercen una poderosa influencia en las ideas políticas, en la moral social y en el plano de los gustos estéticos. La exaltación de los hechos criminales no puede considerarse de ninguna manera como parte ni de la literatura marginal ni de la clandestina. Por el contrario, el sujeto criminal ocupa un lugar central en la formación de la identidad nacional, ya que se impone como modelo dominante de la masculinidad: el pirata, el bandido, el capo, tanto como el revolucionario, son sujetos deseables que protagonizan las narrativas más emocionantes de la historia cultural de México.

El sujeto criminal se puede entender, entonces, como una manifestación del mal en la medida en que es un valor aceptado por una colectividad que cree que toda acción apoyada por consenso, por ese solo hecho, se considera un bien. Es esta paradoja a la que Alain Badieu (1998: 60-61) nos remite cuando al definir el mal lo presenta como una consecuencia del bien, e incluso lo plantea como una expresión de la verdad. Con respecto al papel del crimen organizado en México, es evidente que el proceso de legitimación de los grupos criminales se efectúa como una necesidad del mal para la sobrevivencia social. Es el mal que cohesiona, que propulsa las emociones colectivas; es el mal que hace posible el orden. En un ambiente de terror e inseguridad promovidos por un Estado autoritario y simulador, la sobrevivencia se convierte en virtud. Para Achille Mbembe, en la lógica de la sobrevivencia "el sobreviviente es el que ha enfrentado a una banda completa de enemigos y se las ha arreglado no solo para escapar vivo de ellos sino incluso para matar a sus atacantes. Por esto, en gran medida, la forma de sobrevivencia extrema consiste en matar" (2003: 36). El mal cohabita con el bien para el sobreviviente que habita en el sistema que Mbembe define como *necropolítica*, la soberanía del matar, que contrasta con la *biopolítica*, o la política del control de los cuerpos, en la tradición foucaultiana.

En la lógica de la sobrevivencia, el mal es una forma de entender a la colectividad. En la sociedad criminal, el *ethos* de la destrucción refuta las propuestas racionalistas que fundamentan al Estado al punto de percibirlo como irracional. Juan Pablo Davobe destaca la incomprensibilidad de los grupos bandoleros para las élites latinoamericanas. Para él, el problema del bandidaje es el problema de la representación misma. En el castigo de los bandidos, la muerte y la representación de la muerte son una misma cosa. Este hecho le permite elaborar la idea de la ley como escenificación (Davobe, 2007: 23). La condena del criminal escenificada como escarmiento se revierte como una identificación de la comunidad con el malvado, de tal manera que el proyecto iluminista de la república queda desplazado por una exacerbación emotiva donde el bien que habría de representar el Estado se percibe como el mal público.[1]

....

[1] Uno de los mejores ejemplos de identificación social con el criminal condenado es el caso del bandido sinaloense Jesús Malverde, a quien, tras ser ejecutado públicamente en la horca, la población empezó a atribuirle milagros hasta convertirlo en el santo protector de migrantes, polleros y delincuentes (véase Flores y González, 2011).

Los argumentos que este libro desarrolla giran en torno a cuatro ejes temáticos que tratan de concebir al crimen organizado como una articulación ética y estética del mal a lo largo de la historia de la nación mexicana: *1)* su génesis en la colonialidad del sistema legal, *2)* su estética del terror y la seducción que sustenta su efectividad, *3)* su capacidad de sostenimiento de un Estado autoritario y *4)* su emergencia como sustitución del modelo de Estado-nación por un modelo de control necropolítico.

El crimen organizado y la formación del Estado moderno

Sin exagerar, desde la Colonia, en México la acción de gobernar ha significado desobedecer la ley, según expresa la fórmula que los virreyes añadían a algunas ordenanzas del rey: "Obedézcase pero no se cumpla" (Paz, 1982: 40). Esta paradoja encierra un problema que afecta a la misma concepción del Estado moderno, que ha sido diseñado desde las metrópolis colonizadoras y que en su intento de adaptación a las realidades socioeconómicas y políticas de México resulta una simulación. Entendemos entonces que un Estado de derecho solo sería posible en una cultura democrática que la condición colonial no podría permitir, en la medida que hacer cumplir la ley implicaría una desarticulación del propio Estado de ilegalidad sobre el que se sostienen la dominación interna de las oligarquías locales y los intereses de los imperios económicos del mundo moderno y contemporáneo.

El criminal ocupa un lugar de poder frente a la ley. No olvidemos que en la definición de todo criminal se encuentra la transgresión de la ley, mientras que esta, en el caso de países como México, es poco efectiva para perseguir los actos que prohíbe. Por ello, lejos de ser condenadas en las diversas narrativas e imágenes de los criminales, las transgresiones se representan como inevitables. La raíz de esta inocuidad de la ley se encuentra en las fisuras del propio sistema colonial. La actividad de los piratas en Latinoamérica tiene ya un sentido político al situarse en contra de la ley de la Corona española. Se trata de una necesidad social de resolver la insolvencia del monopolio comercial español, que no es capaz de responder al surgimiento de una población criolla ávida de consumir las novedades ofrecidas por el mercado negro establecido por los piratas. La ley desde este momento contrasta con los contextos socioeconómicos.

Nina Gerassi-Navarro señala que la piratería del período de las independencias tiene su raíz en la necesidad de liberarse de la estructura económica del absolutismo español. Esto conduce a una forma de organización que anticipa el establecimiento de un orden económico que terminará por proponerse como nueva forma de Estado: "Para protegerse de imposiciones arbitrarias, los piratas crearon su propio orden social, gobernado por elecciones 'democráticas' de oficiales y un sistema igualitario de distribución de botines, y tal orden era defendido fervientemente" (Gerassi-Navarro, 1999: 6-7). Los piratas no podrían llevar a cabo sus objetivos en la anarquía. Socavar al Estado absoluto requiere una organización, la cual dará sentido al establecimiento de la nueva nación. Las luchas insurgentes de la Independencia están estrechamente vinculadas a las organizaciones criminales de su tiempo; ambas son el embrión del liberalismo económico que sustentará el proyecto del nuevo Estado independiente. Se trata, por tanto, de una etapa de desarrollo del capitalismo, lo que en el pensamiento marxista se ha analizado como el período de acumulación de capital. Como Antonio García de León afirma (2004): "Los piratas [son] protagonistas en la génesis del capitalismo".

La liberación que la piratería y la insurgencia proclaman no implica necesariamente la derogación de los vínculos coloniales. El liberalismo no conduce precisamente a la libre determinación de las nuevas naciones; lo que significa, en todo caso, es un reacomodo de los imperios económicos. Con la alianza de la insurgencia y la piratería se establece un pacto de dependencia política y económica principalmente con el Imperio inglés, el mayor auspiciador de las actividades de piratería. Por otra parte, las formas de lucha de liberación seguirán la pauta de los nuevos estados democrático-burgueses (los Estados Unidos y Francia), y adquirirán, en consecuencia, los marcos legales resultantes de la Revolución francesa y la independencia de Norteamérica. Pero las luchas insurgentes no han tenido el efecto de transformar a una sociedad colonial cuyos estamentos jerárquicos y formas de dominación feudal distan mucho de caracterizarla como una sociedad burguesa, lo cual lleva a un desfasamiento entre la ley exógena y la estructura sociocultural de la antigua Nueva España. Frente a este desfasamiento del marco legal se produce, en consecuencia, un Estado de excepción que va a mantenerse como principal dificultad para el establecimiento de un orden democrático. Ya Samuel Ramos señaló el hecho de que al establecerse el marco legal del Estado liberal en el siglo XIX hay un efecto de irrealidad en la aplicabilidad de la ley. Es decir, se trata de un texto sin efecto, letra que nace muerta, Estado que se ve imposibilitado de rebasar su carácter de ficción (Ramos, 1934: 44-45 y 90-91). De ahí que este libro proponga la necesidad de interpretar la criminalidad desde la ficción y de indagar en el universo de las representaciones los factores políticos y culturales que han llevado a la imposibilidad de un Estado de derecho o, por lo menos, a la existencia de un Estado que es mera simulación.

El sistema legal es inadecuado para regir a la vasta mayoría de la población excluida que, en consecuencia, ha creado una serie de reglas alternativas para sobrevivir a las desigualdades heredadas de la estructura de clases de la Colonia. Estudiar la criminalidad desde las definiciones legales no nos llevaría a comprender su papel central en la formación de la sociedad mexicana, sino que solamente reiteraría el discurso del binomio de la civilización y la barbarie, según el cual los países poscoloniales no han alcanzado la madurez suficiente para poder construir un Estado moderno autónomo. Esta concepción de países desarrollados con leyes fuertes frente a países en los cuales los problemas de inseguridad pública se perciben como un síntoma del subdesarrollo solo ha servido para perpetuar el deseo colonialista y los miedos de la élite mexicana a las clases subalternas. El sujeto que se encuentra fuera de los privilegios ciudadanos y de la protección de la ley constituye una forma de alteridad que ha sido útil como fuerza mercenaria para la clase propietaria, así como un recurso humano indispensable para la realización de actividades ilícitas comandadas por políticos corruptos, como puede leerse en la novela *Los bandidos de Río Frío,* de Manuel Payno (1889), la obra más prominente en lo que a literatura de bandidos se refiere. Tal como los piratas cumplieron un papel de fuerza suplementaria para las luchas de independencia, los bandidos de mediados del siglo xix y principios del xx fueron también determinantes en el triunfo de diversos movimientos sociales. Las organizaciones criminales de bandidos constituyeron la fuerza armada de las agendas liberales, como podemos leer en obras como *Astucia,* de Luis G. Inclán (1866), y *El Zarco,* de Ignacio Manuel Altamirano (1869).

El hecho de que en las narrativas del siglo xix predominen las historias de bandidaje sugiere que los bandidos son protagonistas en el drama nacional. Como mercenarios, rebeldes y paramilitares, los bandidos cumplen con diversas funciones en los relatos históricos de los conflictos sociales de los siglos xix y xx. La Revolución Mexicana puede entenderse como una reacción criminal ante las formas de vigilancia y opresión practicadas por los paramilitares llamados Policía Rural. En ambos lados del conflicto es muy constante la presencia de individuos que primordialmente han sido identificados como *bandidos.*

Aunque una de las consecuencias de la Revolución Mexicana fue la disminución del bandidaje, nuevas formas de organización criminal emergieron como soportes de los intereses políticos de la oligarquía. Esta relación criminales-élites política y económica es esencial para entender los procesos políticos de la era posrevolucionaria. Podemos reconocer el compromiso del mantenimiento del orden basado en fuerzas irregulares –como pistoleros y paramilitares– en la forma en que el Estado posrevolucionario confecciona un aparato de terror capaz de contener toda forma de disidencia a su proyecto de Estado autoritario. Como analizamos en el tercer capítulo, la criminalidad se integra al sistema corporativista implantado por la élite revolucionaria.[2] De igual forma, estas disidencias se organizan a la manera de fuerzas irregulares legitimadas como fuerzas liberadoras de dicho Estado de terror. En suma, las fuerzas irregulares que se organizan en México, ya sea como recursos de coerción del Estado al margen de la ley o como fuerzas insurgentes o rebeldes legitimadas por el imaginario colectivo, tienen en el crimen organizado una fuente de fuerza coercitiva o liberadora, así como una matriz de significaciones en las narrativas nacionales.

El terror y la seducción: la estética de lo criminal

Este libro se basa en la idea de que la criminalidad organizada es un poder *de facto* reconocido ampliamente como una presencia insoslayable en las narrativas nacionales. Su más convincente justificación es su apariencia de indestructibilidad. Su propaganda

---

[2] El corporativismo en la política posrevolucionaria se refiere a la estrategia del Partido Revolucionario Institucional (PRI) de incorporar al partido a prácticamente todo tipo de organización, desde los sindicatos hasta las cámaras empresariales, al punto de que para poder trabajar, hacer negocios o garantizar la pertenencia a un grupo social es obligatorio afiliarse al partido. Con tal estructura se asegura no solo una amplia votación en su favor –en la medida en que las organizaciones corporativizadas obligan a sus afiliados a votar por el PRI so pena de perder el empleo o la membresía–, sino el control eonómico, político y social. El modelo corporativista, aunque puede remitirnos a la Revolución francesa, fue sobre todo desarrollado en los estados fascistas, especialmente en el régimen de Benito Mussolini, en Italia, de donde es muy probable que el PRI haya adoptado esta forma de organización y control (véase Baker, 2006).

se echa a andar mediante una maquinaria del terror, terror que en términos estéticos se entiende como exacerbación de la razón –en este caso, la racionalidad del Estado y su orden– para ubicarse en el plano de una fuerza absoluta, la realidad, que hemos entendido como imposible de desmentir. Mientras que la ley es fácilmente descartable por irrealizable, el plano de lo ilegal se legitima por su fuerza indestructible. Propongo, entonces, que las imágenes del criminal en México logran su encumbramiento debido a su terror incontenible.

De esta capacidad de terror se pasa a la seducción del poder, una seducción que se impone por arrobamiento. El poder que seduce lleva a una relación intrínseca entre poder y belleza. La construcción de la hegemonía criminal se lleva a cabo por una doble vía: su legitimación por la fuerza y la seducción del poder. Esta noción remite a la tradición filosófica romántica de lo sublime como el estado del más allá estético, donde la ciudadanía no solamente se somete por la vía de la legitimación de la fuerza criminal contra la ley, sino por la vía de la erotización del terror. El terror consiste en la suspensión de la racionalidad del Estado, así como en la imposición de un estado de placer estético, una erotización de la falta de orden y de la puesta en peligro de la vida misma. La fascinación por los criminales en México, desde las novelas de bandidos hasta los corridos de narcotraficantes, debe entenderse como un Tánatos que permea el espacio social mediante un procedimiento estético. El gusto por las historias sangrientas se mantiene como marca distintiva de la cultura mexicana. La tradición de las lecturas exógenas de la cultura mexicana como un espectáculo sangriento confirma esta continuidad de la estética del terror como forma de cohesión social. Basta citar a escritores como D.H. Lawrence, Malcolm Lowry, John Kenneth Turner, John Reed y Antonin Artaud, entre otros. Los mismos intelectuales mexicanos encuentran en esta atracción por lo terrible la marca de la identidad nacional: tales son las obras ensayísticas de Octavio Paz, José Revueltas y Carlos Fuentes. De igual forma, en la producción del arte plástico mexicano esta imagen del terror parece ser su carácter más reconocido: baste mencionar las imágenes desoladoras de las fotografías que representan las luchas sociales de principios del siglo XX en el Archivo Casasola, la pintura de David Alfaro Siqueiros y de José Clemente Orozco, y la estética mortuoria de artistas contemporáneas como Marta Pacheco, Paula Santiago, Teresa Margolles y Rosa María Robles, que se estudian en el último capítulo.

Quiero proponer que esta supuesta propensión a lo terrible en la literatura y el arte mexicanos, que para los ensayistas de lo mexicano tiene que ver con una esencia nacional, una especie de mito que puede constatarse y que se repite obstinadamente a lo largo de la historia del país, debe interpretarse desde el marco de la insuficiencia del Estado y el surgimiento de la fuerza criminal como una forma dominante del imaginario social. Es decir, me interesa más reconocer las raíces históricas del mito que se repite en las narrativas e imágenes del México terrible que reforzar la creencia en una esencia terrible de lo nacional.

¿Cuáles son los mecanismos que llevan a que el terror se transforme en seducción? ¿Cómo esta seducción es un recurso para mantener la hegemonía de lo criminal a lo largo de la historia de México desde la Independencia hasta nuestros días? Para responder a estas preguntas es importante reconocer que la literatura cumple un papel fundamental en la construcción del héroe criminal como héroe nacional. La nación mexicana no se sostiene en el mito del padre, que simbólicamente nos remite a la ley, sino en el mito del hijo bastardo, que necesariamente nos conduce por la ruta de la legitimación de la ruptura con la ley. El bandido es un hijo desterrado y a la vez un forjador de la nación. Este proceso lo encontraremos mejor expresado en las novelas de bandidos del siglo XIX, sobre todo en *Astucia*, de Luis G. Inclán, y *Los bandidos de Río Frío*, de Manuel

Payno. En estas novelas, los bandidos se resguardan en el espacio de la ilegalidad como una forma de corregir los defectos del orden social (Inclán) o como una respuesta ante la falta de alternativas para los mestizos (Payno). Las novelas de bandidos llegan a establecer al hombre rebelde como el modelo de masculinidad; lo transforman en objeto de deseo erótico. Tales son los casos de *El Zarco,* de Ignacio Manuel Altamirano, y de las historias de bandidos como Chucho el Roto, el Tigre de Santa Julia y Heraclio Bernal, que encontramos en expresiones populares tales como corridos, caricaturas, historietas y películas.

El Capítulo 2 de este libro es una reflexión sobre la estética romántica y la construcción del criminal como el tipo nacional, donde se destaca que el orden del Estado, arraigado en la moral occidental moderna, no puede contener ni comprender las complejidades del sujeto criminal. Mucho menos puede contenerse la atracción hacia el hombre transgresor, de manera que se plantea como una literatura de la legitimación. No olvidemos que parte de la estética romántica recupera la idea del diablo como héroe, desde la obra de los precursores alemanes hasta la literatura gótica del siglo XIX europeo. La literatura mexicana encuentra el mal no en el paraje mitológico del ultramundo sino en la vida social; su efecto es una intersección entre el héroe romántico, el ambiente costumbrista y la narrativa realista. Este héroe romántico llega al punto de la canonización, como en el caso de Jesús Malverde, santo patrono de los bandidos y los mafiosos. La religión popular transgrede la religión dominante abriendo un espacio de culto a las fuerzas criminales; tal es el sentido del culto a la Santa Muerte y de los cultos satánicos que en las últimas décadas han estado ligados a las organizaciones criminales. Quiero enfatizar, entonces, que la esteticidad del crimen tiene su punto culminante en su elevación al estatuto sagrado; esto es, en la mitificación del terror como consecuencia de la estética criminal.

Las organizaciones criminales en el Estado autoritario posrevolucionario

El crimen organizado es uno de los fundamentos de la Revolución Mexicana. Este trabajo revisa algunas de las narrativas revolucionarias con el fin de describir la forma en que la Revolución Mexicana se estructura como una gran organización criminal, esto es, como un aparato de poder que viola los principios de la ley que la propia Revolución ha establecido. El crimen se ejecuta bajo un mandato oficial, es el acto supremo de gobernar, al tanto siempre de impedir cualquier reclamo democrático. Estado y democracia son antónimos en un Estado autoritario como el que constituyó el partido de la Revolución (PRI); tal es el principio que este libro propone para comprender las relaciones de poder descritas en las narrativas nacionales del siglo XX. Siguiendo el modelo de la *Acordada* o Policía Rural del porfiriato, grupo paramilitar que analiza Paul J. Vanderwood en su libro *Disorder and Progress* (1981), el gobierno revolucionario va a caracterizarse por mantener el control a través de una policía especial que actúa al margen de la ley, como puede leerse en el caso de las guardias blancas en la novela *El indio*, de Gregorio López y Fuentes (1931). El partido de la Revolución instituyó el corporativismo y lo mantuvo mediante el constante asedio de guardias blancas, golpeadores, halcones y paramilitares, algunos de los nombres con que se conoce a las fuerzas ilícitas de contención oficial desde el porfiriato hasta el presente. Es importante destacar que estos grupos surgen de la necesidad de mantener el orden para asegurar así el progreso que llevaría a México a considerarse una nación moderna. En este sentido, el porfiriato y el Estado revolucionario no son dos formas de Estado diferentes sino continuas. Su compromiso se expresa en favor de la modernización, la cual ha de entenderse como una garantía para el mantenimiento de la dependencia económica. De esta manera, el Estado posrevolucionario se desarrolla bajo una ansiedad de control a cargo de un tipo de masculinidad temible, antiheroica y sanguinaria que para la época de la Guerra Fría va a funcionar no solo para sostener la política de control del PRI, sino también para cumplir los compromisos con la lucha anticomunista del bloque occidental.

A diferencia del bandido romántico, el golpeador del Estado posrevolucionario es enemigo de la sociedad y aliado del gobierno, concentra en sí las marcas de la impiedad y la traición, es la cara oculta del Señor Presidente. Mientras el discurso oficial simula una nación que celebra la soberanía revolucionaria y su contraparte económica, que se conoce como el Milagro Mexicano (el proceso de industrialización de México desde los años cuarenta mediante la sustitución de importaciones y el fortalecimiento de la autonomía económica), las fuerzas represivas del partido oficial no cesarán de nutrir un gran número de narrativas que tratan de representar los conflictos sociales dentro del autoritarismo priista.

En el tercer capítulo del libro, el análisis se dedicará a establecer una doble lectura del poder en México. Por una parte, el Estado benefactor posrevolucionario mantiene su hegemonía sobre una población desdemocratizada y unánime, a través de un terrorismo de Estado practicado clandestinamente. Por otra, las autoridades protegen y en muchos casos dirigen las organizaciones criminales. Propongo que las organizaciones criminales forman parte del gran aparato corporativista que sostiene al PRI. De esta manera, como las diversas organizaciones sociales, las criminales reciben los beneficios de la estructura clientelista que garantiza la perpetuación del partido a cambio de impunidad. Las guardias blancas, los golpeadores, los grupos paramilitares y toda clase de mercenarios son las diversas formas en que las organizaciones criminales auxilian a las autoridades a eliminar a los disidentes políticos en todas las narrativas revisadas. Es decir, estos personajes son instrumentos para desarticular los grupos políticos que se resisten a incorporarse a la maquinaria corporativista. Si bien los discursos oficiales nunca reconocerían esta alianza criminal-política, es posible encontrar sus trazos en las narrativas que involucran a prominentes políticos, agentes de policía, militares, empresarios y delincuentes, todos actuando bajo el control del partido. Como veremos en narrativas históricas, literatura y cine, las acciones políticas y las criminales aparecen a menudo interconectadas como una estrategia para desalentar a los disidentes políticos y a la vez transgredir la ley con fines de lucro.

El crimen organizado como hegemonía transnacional

El Capítulo 4 de este libro se enfoca en representaciones fílmicas y literarias en las que la impunidad y la criminalidad del gobierno provocan la oposición de la ciudadanía. Sin embargo, estas narrativas contra el Estado ya no pueden ser consideradas tramas de insurrección como las de los bandidos revolucionarios de la centuria anterior. Son más bien modestas expresiones de lo que Rossana Reguillo (2000: 190-191) llama *política del miedo*, en la cual los objetivos no contemplan la instauración de un nuevo Estado (como en la política revolucionaria) sino recuperar el Estado de derecho y proteger los derechos humanos. En la era de la globalización, que se impone como orden económico y cultural en el mundo tras la caída del bloque soviético –lo que se entiende como el fin de la Guerra Fría–, el crimen organizado también sufre profundas transformaciones, entre ellas la principal, que es superar el control corporativista del partido. En el presente, el crimen organizado controla al gobierno y representa los intereses de una red transnacional de emporios ilícitos. Esta transformación radical del autoritarismo posrevolucionario coincide con el debilitamiento del Estado de bienestar y su estructura corporativista en favor de la expansión de una red en la que tanto los sectores formales como los informales de la economía forman parte del mundo neoliberal. De acuerdo con Sanjeev Khagram y Peggy Levitt (2008: 1), la dinámica transnacional incluye "lavado de dinero y redes criminales; coaliciones de policías transguber-

namentales; comunidades diaspóricas, a la vez dispersas y vinculadas; organizaciones no gubernamentales de la sociedad civil con
orientación humanitaria; e iniciativas de negocios internacionales".

En el caso del crimen organizado, las relaciones de poder se
definen en la lucha por el control de las rutas de trasiego, contactos,
conductos, intercambios y posicionamientos en la arena política.
Las narrativas de la criminalidad transnacional, ficcionales y no
ficcionales, desplegadas en el cine, los medios y las artes visuales
representan el lado oscuro del mundo neoliberal.

El libro discute dos modalidades de control social: una que se
vale del crimen organizado para la construcción del Estado-nación
(que corresponde a los insurgentes y mercenarios estudiados en los
capítulos 2 y 3) y la que se ejerce desde los canales supranacionales,
como las redes criminales contemporáneas.[3] En el primer caso nos
encontramos con un tipo de crimen que yuxtapone *fundación* y *contención*, conceptos que tomo prestados de la clasificación que hace
Walter Benjamin (1982: 29) de la violencia con respecto a la ley.
Fundación y contención definen la forma en que las organizaciones
criminales han servido al Estado-nación, constituyéndose como
un ejército irregular insurgente, o como el ala ilegal que apoya al
Estado en el mantenimiento de su dominio. La narrativa heroica de
los criminales ocupa el mismo lugar de los próceres oficiales en el
imaginario nacional. El sistema de libre mercado y de relajamiento
de las normas que permiten el flujo discrecional de capitales abre el
camino a formas de representación incontenibles y despreocupadas
por la territorialidad. El carácter fortuito y huidizo de los personajes de las historias criminales contemporáneas nos lleva a plantear
el espacio de lo transnacional como geográfica y políticamente
indeterminado. Esta transitoriedad del espacio permite concebir
la construcción de una subjetividad sin territorio, la subjetividad

....

[3] Para una visión panorámica de estas redes, véase *Ilícito*, de Moisés Naím (2007).

que no pertenece a un contexto sino que lo transita sin adherencia. Esto lleva a considerar otros paradigmas que no sean los del Estado-nación para comprender al sujeto y al poder –y por tanto a lo político– propios de una dimensión planetaria dominada por fuerzas que controlan y deciden sobre la economía, la cultura y, en suma, las estructuras que definen el presente orden global.

Esta fuerza transnacional que enfrenta mínimos límites legales y coercitivos para desenvolverse ha desarrollado, sin duda, sistemas de conducta y formas de goce que quedan bien definidos en las diversas narrativas contemporáneas: el cuerpo violentado como objeto de intercambio, objeto de goce en el cual se inscriben todas las marcas de la supremacía. En las narrativas del crimen organizado contemporáneas podemos encontrar un proceso de deterioro de estructuras sociales como la comunidad, la familia y el trabajo. Los personajes entran a un espacio en que pierden la garantía de vida y se encuentran ellos mismos actuando en un sistema de valores donde han de desempeñar un papel determinado por los requerimientos del mercado ilegal. La norma criminal remplaza al Estado de derecho. Las narrativas de crueldad, derramamiento de sangre y corrupción que derogan *de facto* el contrato social en el cual se funda el Estado nos llevan de la política a la ética para interrogar las subjetividades que se relacionan en este desastre social. En tales representaciones las acciones culminan en destrucción: los cuerpos son objeto de compra y venta, de esclavitud, de flagelación, tortura, muerte, todo en una perturbadora economía macabra que domina el campo de las representaciones.

Más que un mero interés económico, las acciones criminales ponen en escena una forma de masculinidad extrema. Si el sistema de género patriarcal consiste en la racionalización de la diferencia y la discriminación, esto es un orden de opresión naturalizado por los discursos dominantes (Amorós, 1985: 72-80), la dominación patriarcal signada por lo criminal exacerba esta asimetría. Al respecto, entiendo que la violencia contemporánea, dominada por el crimen organizado, es una forma de expresión del *lumpenmachismo*, o masculinidad criminal. Si el patriarcado justifica su dominio a través de un aparato ideológico (leyes, religión, filosofía, ciencia, medios) y se posiciona como el principio del orden y la prosperidad, su dominio se dirige a controlar a los otros: mujeres, niños, minorías y población marginada. El *lumpenmachismo*, por otro lado, despliega una pedagogía destructiva y cruel en la que matar es el único discurso disponible para demostrar y perpetuar la dominación. Analizar las representaciones de cadáveres en la literatura y las artes visuales, más que un pesimismo resignado, nos permite un juicio reflexivo, como lo propone María Pía Lara, que implica la exploración de la emergencia de nuevas normas de las relaciones humanas (Lara, 2009: 27-33).

En el último capítulo, la articulación de la necropolítica, o la política del matar, la precariedad del Estado y la consolidación de un patriarcado extremo nos permiten ubicar los desafíos morales que necesitamos enfrentar antes de que la violencia acabe con toda esperanza.

1

Las bases criminales de la Revolución Mexicana: bandidos revolucionarios y mercenarios

....

LA CONFLUENCIA DE LO CRIMINAL y lo político es el objeto de reflexión de este capítulo. Para ello haré lectura de algunos trabajos literarios, periodísticos, historiográficos y fílmicos referidos al bandidaje y su relación con las fuerzas insurrectas y las fuerzas oficiales en los conflictos del siglo XIX y las primeras décadas del XX en México. El argumento central es que la desestabilización política y socioeconómica de este período de la historia de México no puede explicarse si ignoramos la proliferación de grupos criminales que actúan a favor de los diferentes bandos en conflicto. Así, por una parte, tienen un papel determinante en el debilitamiento de las instituciones como sujetos insurgentes, y por la otra, sirven de manera mercenaria a los intereses de las élites económicas y gobernantes. En ambos casos se trata de formas para socavar la legalidad, que nos llevan a examinar la percepción de las instituciones, los márgenes de la ciudadanía y los modos de autorregularse de los grupos sociales que no están representados en los discursos políticos dominantes. En este sentido, lo criminal no puede simplemente reconocerse como una fuerza antisocial sino, más bien, como una emergencia social deslegitimadora de un modelo de Estado que limita excesivamente el espectro de la inclusión ciudadana. Si el liberalismo decimonónico termina por significar una forma de neocolonialismo económico y cultural, las luchas revolucionarias que se le confrontan pueden entenderse también como un recurso violento, si no de descolonización, sí por lo menos de un rearreglo social y político en la matriz colonial.

Las dos partes en que se divide este capítulo destacan dos tipos de criminal según se representan en las narrativas literarias, fílmicas e históricas: el bandido insurrecto, que se desprende de la tipología romántica del bandido social, sobre todo en lo que respecta a su identificación con la comunidad –en lo cual reside su caracterización heroica–, y el pistolero mercenario o guardia blanca, que desde los tiempos prerrevolucionarios va a formar parte de las estrategias de dominación de las oligarquías y a caracterizarse como un personaje impopular identificado con la oficialidad.

Bandidos insurrectos

En su ensayo *Pasado inmediato*, parte de sus recuerdos de los años de decadencia del porfiriato, Alfonso Reyes nos ofrece una visión del héroe nacional que podemos tomar como punto de partida para comprender el perfil del criminal en el imaginario social mexicano de ese período:

Trabajo costó a los muchachos de entonces el admitir otra vez –cuando la vida nacional dio un salto de resorte oprimido– que la tela histórica está tramada con los hilos de cada día; que los héroes nacionales –solo entrevistos en las estampas alegóricas, a caballo y saltando por entre la orla simbólica de laureles– podían ser nada menos que este o aquel humilde vecino conocido de todos, el Panchito de quien nadie hacía caso; o el ranchero ignorante y pletórico de razón aunque ayuno de razones que, como el Pero Mudo del *Poema del Cid*, se enredaba cuando quería hablar y solo sabía explicarse con la espada; y hasta el salteador a lo Roque Guinart, el bandido generoso a quien una injusticia echó fuera del orden jurídico, y un hondo sentimiento ha enderezado por caminos paralelos a los que recorría Don Quijote (Reyes, 2000: 183).

La imagen del héroe nacional se traslada de su representación oficialista de estampas emblemáticas a la caracterización del hombre que, a pesar de su dificultad para articular sus motivos, la fuerza de la razón lo convierte en un individuo belicoso y justiciero emparangonado con Don Quijote. Su origen popular y su pertenencia al mundo de lo cotidiano contrastan con su acción heroica, cuyo sentido lo encontraremos en el hecho de hacer justicia "fuera del orden jurídico". En este fragmento, Reyes contrasta el modo de representación característico de la pintura romántica nacionalista del siglo XIX, todavía en boga durante el porfiriato, con las descripciones realistas de la narrativa de la novela de la Revolución. Estéticamente, el héroe se ha desplazado del acervo pictórico de los salones oficiales a la narrativa emergente del hombre común que caracteriza a la literatura de la Revolución. Me interesa resaltar la situación jurídica de este personaje, ya que, sin mencionarlo directamente, Reyes admite que la condición de héroe se genera en una circunstancia criminal, o por lo menos en el momento de haber sido criminalizado. El revolucionario es un hombre fuera de la ley que reclama tener razón y por ello habrá de buscar la justicia por la fuerza. Pero es también hombre balbuceante cuya capacidad de articular sus ideas es precaria, lo cual le impone el lenguaje de las armas como forma de suplir tal limitación. Según Reyes, la Revolución Mexicana no responde a ningún programa intelectual, y por ello los intelectuales de oficio tendrán que ir improvisando sus definiciones sobre la marcha de los acontecimientos violentos. Una revolución sin razonamiento o proyecto debidamente definido impone la necesidad de una conceptualización *a posteriori*. La actividad intelectual se convierte entonces en un acto de interpretación de hechos presumiblemente motivados por la frustración ante la incapacidad del Estado para ofrecer carta plena de ciudadanía a amplios sectores de la población.

En la introducción a su libro *Criminal and Citizen in Modern Mexico*, Robert M. Buffington señala una línea divisoria que llena de sentido los balbuceos descritos por Reyes: la agenda liberal concibe a la ciudadanía desde la base educativa, lo que excluye al criminal de extracción popular, que ha sido privado del derecho de ir a la escuela aun desde antes de cometer algún delito (2000: 4). Esto nos sugiere que a los ojos de las élites mexicanas la criminalidad se presupone con base en los rasgos socioculturales y raciales del individuo, muy contrariamente a la presunción de inocencia hasta demostrarse lo contrario que la jurisprudencia liberal democrática establece. La identificación del revolucionario con la falta de educación coincide, además, con la identificación del acto insurrecto con lo criminal y antisocial, lo cual constituye el extremo opuesto al comportamiento intelectual. Lo que Reyes finalmente nos deja ver es la distinción entre los sujetos carentes de privilegios ciudadanos, y por tanto desprovistos de facultades democráticas, y los sujetos plenos de ciudadanía, la de la ciudad letrada descrita por Ángel Rama, en la que la maestría en el manejo de las estrategias retóricas provee de ordenamientos y razones a los discursos públicos. No obstante, será difícil no reconocer que esta ciudad letrada puebla los libros de sujetos fuera de la ley; las letras se regodean en los dramas de los espacios criminales, en la medida en que es ahí donde van a encontrarse las narrativas extremas y las contradicciones que insistentemente desafían a las fuerzas del orden. Es en esa zona limítrofe entre bandidos e insurrectos donde hemos de ubicar la mayor parte de las novelas decimonónicas y el capítulo del realismo mexicano de la primera mitad del siglo xx que hemos denominado *novela de la Revolución*.

Los procesos económicos y políticos que dieron lugar a la formación de una sociedad *frontier*, cuyas normas y cultura cotidianas son ajenas a las que decretan los estados centrales, tienen, a juicio de los diversos autores que han estudiado el fenómeno del bandidaje, raíces profundas en las formas de exclusión y aplicación de las leyes de la época colonial. Esto es, la barbarie que ha de ser civilizada y el *frontier* que persiste en defender su autonomía, motivado y justificado por su aislamiento, son dos aspectos visibles en la caracterización del bandido revolucionario que tocan los extremos de la colonización.[1] La primera nos remite al indígena que se resiste violentamente a la invasión del colono; la segunda, al colono criollo que se independiza del poder colonial. Esta segunda interpretación nos presenta la paradoja del colono que se resiste a ser tratado como otro colonizado. En todo caso, ambos aspectos del *frontier* nos permiten comprender la tendencia autonomista de algunas regiones alejadas del centro de poder, como los estados del norte de México. Según la antropóloga Ana María Alonso, nombrar bandidos a estos *frontiers* en resistencia es una estrategia de las élites del gobierno central para visibilizar su aspecto criminal e invisibilizar su causa política. Para Alonso (1997: 156-157), en el caso del estado de Chihuahua las formas cotidianas de protesta, como el pillaje, el abigeato y el robo a mano armada, son en sí mismas los procedimientos con los que estas sociedades disputan el poder. La violencia con que la literatura de bandidos ha caracterizado a esta población *frontier* parece entonces asumirse como una forma de lucha política en la que, de acuerdo con los sociólogos Silvio R. Duncan Baretta y John Markoff, "las clases bajas aparentemente compartían una mentalidad de resistencia a la opresión que le dio al bandidaje un carácter de rebelión social y legitimó una rebelión política abierta" (2006: 50).

La novela de bandidos del siglo XIX nos dirige hacia una amplia discusión sobre la significación moral de las instituciones, las leyes y los conflictos sociales. *Los bandidos de Río Frío* pone en cuestión la validez de las políticas públicas de seguridad del gobierno conservador del presidente Santa Anna; *El Zarco* deja ver cómo los bandidos logran la impunidad gracias a su colaboración con los liberales en las guerras de Reforma y contra la Intervención francesa. Estas alian-

----

[1] Véanse Emilio Coni (1956); Mario Góngora (1966); Magnos Mörner (1970), y Ana María Alonso (1997).

zas entre políticos y bandidos, según lo analiza el historiador Paul J. Vanderwood (1992: 47), dan lugar a que los criminales se hagan acreedores a privilegios, prebendas e impunidad. De esta manera, el bandidaje permea los diferentes polos políticos del siglo xix y la novela de bandidos interviene, entonces, como un instrumento de enjuiciamiento moral de una política criminalmente articulada. Lo criminal desdice los proyectos de Estado, borra la letra de la ley del plano de las relaciones sociales, se introduce como el sistema que condiciona los comportamientos sociales, la producción y la circulación de riquezas.

La novela *Astucia. El jefe de los Hermanos de la Hoja o los charros contrabandistas de la Rama*, de Luis G. Inclán, exhibe críticamente los abusos de los gobernantes y de los bandidos por igual. *Astucia* se desarrolla sobre la base de un cuestionamiento legal que termina siendo una crónica de la vida cotidiana de las clases populares y las normas creadas de forma consuetudinaria para subsanar la debilidad de las instituciones. La lectura de *Astucia* es un paseo etnográfico por los intercambios económicos y simbólicos, los códigos de honor y las negociaciones morales. En las novelas de bandidos es esencial que se establezca una relación estrecha entre lo etnográfico y lo criminal. Sobre esa base nos relatan una cultura, entendida como un sistema organizado de símbolos, normas, creencias y placeres, pero más que nada como una conciencia del *ethos*. Una paradoja que encontramos en las narrativas sobre el crimen organizado es el acento en el apego a las reglas de grupo que se establecen con el fin de violar la ley. El conflicto tiende a generarse por esta yuxtaposición de sistemas de normas: tal es la estructura de *Astucia*.

Veamos un ejemplo que ilustra elocuentemente esta yuxtaposición. Tras haber sobrevivido a un ataque sangriento del Resguardo –como se llamaba a los guardias de seguridad encargados de perseguir a los bandidos–, en su declaración ante el juez, Astucia, el jefe de la gavilla de los Hermanos de la Hoja, expone una querella donde denuncia que el ataque sufrido es ilegal y abusivo. La razón por la cual es aprehendido y tomado como criminal se desprende de una ley de la Colonia ya caducada, expedida a efecto de proteger el monopolio del comercio del tabaco. Astucia alega en su favor que su negocio consiste en comprar la hoja de tabaco directamente a los productores y distribuirla sin incurrir en ningún robo o práctica desleal. En cambio, desafía a la autoridad acusando a las fuerzas del Resguardo como bandidos:

> Si la fuerza del Resguardo y Seguridad Pública fue la que nos atacó en las barrancas de la Viuda, mal corresponden sus títulos con sus acciones, si es que por ellas se entienda, resguardarse y asegurarse a sí propios de cuanto pillan sus manos. He dicho que son unos ladrones, porque después de acribillarnos a balazos y a la arma blanca, nos han robado hasta los zapatos (Inclán, 2005: 996).

La institución del Resguardo aplica un reglamento caduco, una de tantas disposiciones que han provocado las luchas de la independencia: las leyes de proteccionismo que impedían el desarrollo de una economía de libre competencia. El asalto del Resguardo, que aplica una ley que no existe, es realmente un acto de bandidaje. La querella de Astucia va al fondo de la cuestión nacional: el Estado independiente tiene como objetivo liberalizar el mercado y permitir que emerja una clase media que democratice la economía. La persistencia de un régimen de privilegios que protege el monopolio del mercado del tabaco no hace sino continuar el sistema colonial. En esta querella converge la crítica a los sistemas económico, político y judicial. Lo que Astucia señala es la constitución de un Estado criminal sobre las bases de las prácticas coloniales. Es decir, su criminalidad consiste en su inercia histórica, lo cual nos lleva a interpretar los sistemas económicos como estructuras culturales que sobreviven a todas las transformaciones institucionales. La querella de Astucia es entonces un discurso que señala las prácticas criminales de los representantes de la ley a partir de aplicar leyes ilegales. El juez, sin embargo, no puede dar seguimiento a la querella: las evidencias del robo a los Hermanos de la Hoja se han desvanecido en una cadena de hurtos, acabando así con la posibilidad de fincar responsabilidades. Al llegar el Resguardo a Huamantla, la multitud reconoce que es a los Hermanos de la Hoja, afamados y bien queridos por la población, a quienes han asaltado los agentes. La turba se abalanza contra ellos arrebatándoles el botín. Si la institución se dedica al bandidaje, la multitud se convierte en un agente justiciero que, finalmente, hace imposible la investigación. Del Estado criminal pasamos a la sociedad civil justiciera, una forma consensuada de la criminalidad.

Astucia se fuga de prisión a partir de una artimaña que simboliza a la perfección la trama política que Inclán trata de representar: con engaños y la complicidad de los guardias de la cárcel de Tlaxcala, logra encerrar al arrogante juez en el mismo calabozo donde este pretendía recluirlo. Astucia huye de vuelta a su tierra, Michoacán, para encontrarse con que su padre ha muerto y con que el rancho donde pasó su infancia ha sido saqueado e incendiado por el Ejército en la lucha contra los liberales. Su familia vive en la precariedad y él tiene que buscar los medios para la sobrevivencia. Ya que su patrimonio ha sido arrasado por las luchas políticas, va a Morelia a entrevistarse con los miembros del Congreso y el propio gobernador en busca de compensaciones, pero apenas encuentra un reconocimiento sin respaldo monetario. Aprovechando la distracción de un secretario, hurta un papel sellado, con el que falsifica un nombramiento de jefe de seguridad. Sus nuevas credenciales lo facultan para organizar un ejército regional que defenderá a sus paisanos de los bandidos, en especial del Rotillo, quien, dada la situación de ingobernabilidad de un Estado mal administrado, tenía asolada a la zona. Los impuestos de aduanas y todas las recaudaciones del valle de Quencio son acaparados para el ejército de Astucia, que, además de mantener la región libre de bandolerismo, emprende obras de beneficio social como escuelas y suministro de agua.

Ante estas pretensiones de formar un Estado dentro del Estado, el gobernador reacciona tratando de destituirlo del cargo apócrifo que ostenta.

> Considerándolo como insurgentado y que trataba de emanciparse y formar su rancho aparte para hacerse independiente, cometió la más grande torpeza que solo el diablo pudo sugerirle: expidió un decreto en uso de las facultades extraordinarias que el congreso le confirió, declarando por traidor al Estado y fuera de la ley al coronel Astucia llamado jefe de la Seguridad Pública, entronizado en el valle de Quencio, ofreciendo dar seis mil pesos por su cabeza (Inclán, 2005: 1110).

Legalidad y *legitimidad* se presentan como términos contrapuestos. Encontramos que el gobernador no actúa con alevosía sino en defensa de su autoridad; sin embargo, Astucia se mantiene como líder legítimo del valle de Quencio, y el gobierno como una institución ajena al suceder político de la región. Como se insiste a lo largo de la novela, Astucia no se considera un bandido, pues no ha robado ni matado culposamente. No es el Estado, sin embargo, la instancia que provee un marco de legitimidad. No hay autoridad moral en las instituciones; por lo tanto, una forma de democracia regional se levanta como una fuerza alternativa y reordenadora de la sociedad rural. El marco político de las luchas de liberales contra conservadores a mediados del siglo XIX, la fragilidad del Estado definido por el autoritarismo de las armas, permite entender que el único horizonte posible habría de plantearse en esta forma de autodefensa regional, un orden patriarcal de basamento feudal cuyo deseo político es la autonomía.

Todavía en pleno gobierno de Porfirio Díaz (1876-1911), con su discurso de unidad nacional, orden y progreso, podemos encontrar numerosos polos de resistencia autonomista, algunos de ellos informados por el pensamiento anarcosindicalista, como el movimiento de Santana Rodríguez Palafox, Santanón, ejecutado por los policías rurales un mes antes del estallido de la revolución de Madero en noviembre de 1910, o los conflictos laborales de Cananea (1906) y Río Blanco (1908); otros en defensa de los derechos indígenas, como las insurrecciones de los yaquis de Sonora (1882-1897), los mayas de Yucatán (1886, 1906, 1910) y los totonacas de Veracruz (1891-1896), y unos más anclados en la posición antirreeleccionista, como en el caso de Heraclio Bernal, uno de los más afamados bandidos de Sinaloa (Vanderwood, 1992: 100-103 y 144). Vemos, pues, diversas agendas políticas que tienen un factor común: la autonomía regional, la independencia económica y el deseo de una democracia directa. Salvo el anarcosindicalismo, que constituye una propuesta ideológica articulada como vanguardia política radical, lo que encontramos como manifestación más constante es lo que el antropólogo David Graeber (2006: 95) pone en los siguientes términos: "[...] de las sociedades sin Estado existentes muchas han vivido en los rincones del mundo donde los estados han cesado de funcionar o al menos se han retirado temporalmente, y la gente maneja sus asuntos autónomamente". Para Graeber, más que inducidas ideológicamente, estas sociedades autónomas surgen como respuesta a formas de violencia estructural, se constituyen como contrapoderes cuya forma de articularse depende más de condiciones específicas de los grupos sociales en cuestión que de la propaganda ideológica. De acuerdo con su argumento central, la antropología puede llevarnos a concebir una forma de anarquismo formado independientemente de lo que consideramos como tal en la tradición política moderna. Se trata, pues, de un contrapoder que incluso puede concebirse en términos mágicos y que logra mantenerse gracias a formas de democracia directa (2006: 34-36).

Uno de los episodios sangrientos más emblemáticos del porfiriato fue la insubordinación y el aniquilamiento final en 1892 del pueblo de Tomóchic, en la sierra de Chihuahua. A partir del fusilamiento sin proceso judicial de cinco presuntos bandidos que asaltaron una recua cargada de plata en las inmediaciones de Tomóchic, este pueblo, que rendía culto y obedecía ciegamente los preceptos de Teresa Urrea, la Santa de Cabora, se declaró en rebelión frente al Estado proclamando una especie de autonomía teocrática en torno a figuras religiosas populares no sancionadas por la Iglesia.

Tomóchic, de Heriberto Frías (1893), sin duda uno de los textos que tienden un puente narrativo entre la novela de bandidos y la novela de la Revolución, nos presenta en toda su abyección los rasgos que definirían la autonomía de la población *frontier* frente al Estado a cuenta de un aislamiento político y económico: belicosidad, una normatividad propia, el fanatismo religioso como propulsor de la unidad comunitaria y una cerrada y hábil resistencia capaz de burlar al Ejército. Los habitantes de Tomóchic se aferran a una causa religiosa cuyo fanatismo contrasta con la modernidad positivista del discurso del régimen porfiriano. La significación política del bandido insurrecto, sin embargo, se evidencia tan pronto descorremos el velo de la superchería. Heriberto Frías reconoce la función aglutinante de la Santa de Cabora y San José Resucitado (un bandido local proclamado santo) como estrategia profética que, lejos de remitirnos a atavismos premodernos, nos sugiere un reordenamiento de fuerzas: estos que subsisten al margen de la modernidad, en tanto que expulsados de los beneficios de la ciudadanía y de los privilegios de la economía liberal, ponen en escena el *performance* de las fuerzas mitológicas. Al igual que Ileana Rodríguez lee en el discurso ancestral de Rigoberta Menchú una estrategia política de resistencia más que una vuelta al origen (2009: 86), en Heriberto Frías queda claro que la emergencia de los santos es un recurso no del pasado sino del presente, como confrontación, lenguaje y ritual que encierra a los practicantes, los amuralla y los provee de poder contra el Estado. La significación política del *frontier* tiene entonces que entenderse como una designificación del Estado; es más que nada una fuerza que desarma y desafía el sentido de lo político según se entiende en su acepción moderna (o el sentido de lo moderno, que en sí mismo implica el juego de lo político). Al ponerse en crisis al Estado, se está derogando el contrato social por el cual existe, la suma de normas que se establecen para posibilitar la búsqueda de la felicidad personal y colectiva.

El mandato de San José Resucitado es que su hija Julia cohabite con su hermano Bernardo, a quien se describe sucio y alcohólico, en contraste con la lozanía y la pureza de la víctima de tal incesto. La virgen sometida a los apetitos del ogro inscribe este relato en el mito de la cautiva, y nos impide simpatizar con la moral del *frontier*.[2] El recurso de lo monstruoso distancia al soldado ilustrado, quien narra la historia del bandido. En su densidad nauseabunda, sin embargo, nos deja ver el envés del mundo moderno, su otra cara, y con ello señala el punto en que los muros de contención del sentido, las estructuras del orden y el progreso porfirianos, se desbordan. ¿Qué es *la bola* revolucionaria sino el drama de ese desbordamiento? Todo el edificio simbólico del determinismo y la ansiedad civilizatoria de la Belle Époque mexicana queda desdicho de un plumazo. El drama social es una lucha de fuerzas donde lo poético es político, donde los signos son también cuotas de sangre. El relato de Frías es ante todo la crónica de la tragedia en la que todo un pueblo termina aniquilado por una fuerza ordenadora y deshumanizante. El aparato del Estado ha de sobrevivir, así sea a costa del sacrificio de los ciudadanos que serían su razón de ser. Ahí es donde reside el desbordamiento de sentido, el punto cero de la comprensión. En la introducción a su libro *On Evil*, Terry Eagleton, al comentar el caso escandaloso del asesinato de un bebé en el norte de Inglaterra, nos ofrece una definición que permite por lo menos descubrir en qué reside la incomprensión a la que nos

....

[2] Para un análisis cultural de fenómenos como el culto a la Santa de Cabora, el bandidaje y las cautivas en la sociedad fronteriza del siglo xix, véase el excelente estudio de Robert McKee Irwin (2007).

referimos: "[...] considerar la acción una manifestación del mal significa que se sitúa más allá de nuestra comprensión. El mal es ininteligible" (2010: 2). No quiere decir que cognitivamente sea imposible entender lo que es el mal, sino que esta incomprensión se impone políticamente. Conocer el mal como algo causado por factores sociales y condiciones económicas lo despojaría de su carácter de *mal* y nos llevaría a justificar las acciones así definidas. Se trata, por tanto, de considerar como mal a una zona de la realidad social que de antemano ha sido proscrita para evitar su incorporación al mundo de lo razonable. El mal es lo que se ha prohibido entender socialmente y se mantiene entonces detrás de la barrera de lo moral, lo que prevé su comprensión social. A los ojos de Miguel Mercado, el narrador, el levantamiento de Tomóchic está más allá de la comprensión (en una especie de *sublime* kantiano). En este sentido, la sociedad *frontier*, esos márgenes del Estado moderno, constituye la zona del mal. En otras palabras, se trata de un modo de exclusión donde la condena moral, el desempoderamiento y el fruto prohibido del saber coinciden.

La pregunta que habría que hacerse se desliza del plano de lo moral (¿qué es el mal?) al plano de lo político (¿cuáles son los linderos de la exclusión?). En su análisis de la ciudadanía decimonónica, el sociólogo Fernando Escalante Gonzalbo observa que "en México, para los grupos urbanos, era evidente que los campesinos no podían ser ciudadanos" (1992: 56-57). Escalante Gonzalbo muestra cómo la clase intelectual y política ejercía un poder sobre una ciudadanía imaginada, lo que en sus mentes se definía como "el ciudadano ideal", mientras que los campesinos indígenas seguían una serie de normas y ejercían su propia organización política independientemente del Estado. Las leyes del Estado eran de muchas formas pasadas por alto no solamente por las clases subalternas sino por los hacendados y los funcionarios públicos, de manera que al comentar documentos donde se evidencia la corrupción generalizada, el sociólogo termina por entender que "lo que hay en México no es un Estado, sino una junta de bandidos. Las leyes no se hacen para ser cumplidas, sino para enriquecer a los funcionarios" (1992: 212). Sin embargo, un subsistema de reglas no escritas, sino puestas en efecto por la fuerza del intercambio de favores y por los lazos comunitarios (en el caso de los campesinos), por las redes familiares (en el caso de los ha- cendados), o por la hermandad adquirida en la complicidad de los negocios ilícitos (en el caso de los funcionarios y los criminales), nos permite atisbar un código de ciudadanía estratificado, diferenciado y altamente lucrativo que obliga a concebir un orden donde las leyes tienen una función ajena a la que su propia letra anuncia: son instrumentos de enriquecimiento ilícito y acumulación de poder, están en manos de una "junta de bandidos".

Tenemos entonces que los criminales insurrectos violan las leyes en un contexto social donde la corrupción oficial y el enri- quecimiento desmedido son actos ilegales de las clases pudientes. Esto nos lleva a establecer que si alguna democracia es posible, esta sería la de la ilegalidad común a pobres y ricos de todas las razas y condiciones sociales. Una desobediencia generalizada, diversa y estratificada define al tejido social mexicano desde la época colo- nial, pero la forma de violar la ley distingue a unos grupos sociales de otros. Si el funcionario público se reconoce como corrupto, los comerciantes y hacendados son evasores de su responsabilidad fiscal y poco republicanos, y si las clases bajas se dedican al bandidaje o son criminalizadas como parte de su caracterización, no será enton- ces difícil afirmar que el Estado de derecho se circunscribe a unos cuantos rincones de la vida social.

En el ensayo arriba referido, Reyes deja entrever la injusticia so- cial como germen del bandidaje insurrecto, y al llevarlo a las páginas literarias lo fija en un tipo mitológico, reiterando en todo caso el *locus* del Calibán de la ensayística latinoamericana, al describir al rebelde popular como "carente de razones". Sin embargo, ignora la ilegalidad de las élites, y en todo caso encumbra a la clase intelectual como la que ejerce una ciudadanía legítima y legitimadora. Reyes escribe en el momento en que "la intelectualidad urbana reconocía y aceptaba la realidad de que la revolución popular era un tema de valor literario", como señala Max Parra (2005: 17). En su acercamiento a la literatura villista, Parra trata de inferir los términos de una propuesta política que la propaganda oficial y la clase intelectual trataron de descalificar, y con esto nos devela que la función del intelectual no es solamente la de legitimar a la clase dominante sino la de despolitizar al campesino, al considerarlo un sujeto irracional capaz solamente de una revolución ciega, pasional y destructiva. La visión condescendiente que caracteriza a la intelectualidad posrevolucionaria logra entonces neutralizar la agenda política de los campesinos rebeldes al negarles capacidad de articulación ideológica.

Parra resalta cómo los intelectuales posrevolucionarios, desde José Vasconcelos, Alfonso Reyes y Martín Luis Guzmán hasta Octavio Paz, responden al prejuicio de que el país necesita una dirección paternalista ante las masas inmaduras (2005: 35). A la vez que se reconoce que su violencia ha sido generada por la injusticia social, y que por lo tanto estos insurrectos merecen figurar entre los bandidos del canon literario, el intelectual reduce su acción a una violencia sin razones, sin posibilidad de articularse como agenda posible de Estado, porque si se tomara en serio podría amenazar la propiedad privada, el individualismo y la nación liberal burguesa (Parra, 2005: 8). Esto es, si la actuación del bandido insurrecto significa una amenaza al orden social excluyente, esa amenaza ha de entenderse como algo más que la sangre y la violencia pintoresca de las narraciones costumbristas y naturalistas: se trata de una amenaza política incubada en la zona de exclusión, el mundo sin ciudad, donde la ley del Estado tiene poco sentido. Un oficial norteamericano le expresa en una carta al embajador de Francia en los Estados Unidos la siguiente descripción de Francisco Villa, que puede llevarnos a vislumbrar esa amenaza política:

Él no tiene miedo de ningún peligro físico ni de la ley, y ya desde muy pequeño trabajaba como un ranchero. Es la misma vida que llevaba mucha gente en los territorios remotos de nuestro Oeste, territorios donde las autoridades no tenían control, donde cada quien era su propio amo, y algunas veces imponía sus reglas sobre otros, controlando a sus adherentes, y creando sus propios códigos (citado en Katz, 1978: 106).

Lo que Reyes interpreta como carencia, este oficial lo entiende como un recurso de control que el *frontier* ha desarrollado a fuerza de vivir en condiciones precarias, lejos de los centros económicos y políticos. Para Reyes, el revolucionario bandido carece de un respaldo civilizatorio, por lo que se hace necesario que los intelectuales provean de sentido a sus acciones *a posteriori*. En la perspectiva del norteamericano, Pancho Villa representa una actitud libre del control del Estado, con lo que sugiere que su valor reside en la independencia con respecto a las intervenciones externas. No quiere decir esto que Pancho Villa se perfile hacia un proyecto anticivilizatorio. Sus programas educativos y las acciones de gobierno tendientes a la modernización del estado de Chihuahua nos confirman que su revolución estuvo muy lejos de ser solo un torbellino destructivo y sin proyecto. En 1915, en medio de la lucha armada contra el Ejército Constitucionalista, Pancho Villa expidió en León, Guanajuato, una Ley Agraria con declaración de soberanía de la nación sobre los recursos del subsuelo (Jaurrieta, 1997: 10). Por su parte, Silvestre Terrazas, en sus memorias sobre la administración del estado de Chihuahua, bajo el liderazgo de Villa, nos detalla los programas sociales y la eficiencia del estado en esos años (1984: 178 y 182).

Haciéndose eco de estas políticas sobre la soberanía del subsuelo, la reforma agraria y el papel determinante de la educación en la formación de la nacionalidad, los aspectos centrales de las agendas villista y zapatista, Moisés Sáenz, subsecretario de Educación Pública en 1926, en una conferencia dictada en el Third Institute on the

Harris Foundation at the University of Chicago, nos deja ver cómo las propuestas de los revolucionarios retratados como violentos sin sustento ideológico eran, en efecto, las que impulsaban la democratización de la economía, la descolonización y la socialización de la educación. Dice Sáenz:

> La Revolución ha tratado, y sigue tratando, de dar a los mexicanos un lugar bajo el sol de México, que es por derecho nuestro. En su lado constructivo, el esfuerzo persigue integrar a nuestra gente a la nación y entrenarla para obtener mejor ventaja de su país y sus recursos. Internacionalmente, la Revolución no tiene nada de qué quejarse y quiere evitar enredos al adoptar una legislación clara y al hacer que todos los inversionistas extranjeros se conformen a la ley de México.
>
> Desde una perspectiva internacional, el nacionalismo mexicano es, en parte, la tendencia a recuperar y mantener el dominio sobre nuestra propia herencia (1926: 7).

Con base en estas coincidencias entre los programas villista y zapatista y las declaraciones oficiales de los gobiernos posrevolucionarios, podemos sugerir que en el discurso de la Revolución Mexicana confluyen el nacionalismo descolonizador; las ideas anarquistas, ampliamente difundidas en la primera década del siglo XX, y la base social autónoma, en la que los bandidos sociales tenían un lugar determinante. Más que el paternalismo del intelectual sobre el campesino criticado por Max Parra, observamos un proceso de colaboración entre políticos y bandidos que bien se advierte desde los primeros levantamientos durante el porfiriato. Muy contrariamente al lugar común establecido por la clase intelectual posrevolucionaria, la investigación histórica no deja lugar a dudas sobre las filiaciones ideológicas de los bandidos insurrectos.

En su recuento de los levantamientos campesinos en la última etapa del porfiriato, Olivia Domínguez Pérez destaca los fracasos del movimiento de Hilario Salas (1906) y Cándido Donato Padua

(1908), ambos de inspiración floresmagonista, pues eran miembros del Partido Liberal e impulsores del anarcosindicalismo. En junio de 1910, meses antes del levantamiento maderista, "la fuerza de la insurrección campesina creció al incorporarse con sus huestes el bandolero rural Santana Rodríguez, Santanón. Posteriormente, Santanón murió en un enfrentamiento con las fuerzas policíacas llamadas los Rurales" (Domínguez, 1986: 21). Lo que tenemos en estos acontecimientos sintetizados por Domínguez Pérez es la participación de líderes políticos disidentes con bandidos perseguidos por policías rurales, que a la vez es muy probable que hubieran sido bandidos antes de convertirse en policías.

La Policía Rural fue creada por Benito Juárez recurriendo a la estrategia de ofrecer el indulto al criminal a cambio de que este sirviera a la fuerza pública. Vanderwood señala que los bandidos y los policías rurales eran intercambiables e indistinguibles (1992: 57). Esto quiere decir que los bandidos desarrollaron una serie de habilidades que los convertían en un ejército mercenario que podía tanto adherirse a un movimiento revolucionario como ponerse al servicio de los gobernantes y hacendados. Fuerza insurrecta y fuerza coercitiva, la cultura del *frontier* y del *desperado*[3] que ha formado al bandido es un factor central para la comprensión de la política, la economía, la estructura de género y la cultura nacionales. Sería difícil negar que el personaje del bandido, sea insurrecto o mercenario, puebla una gran cantidad de relatos en la literatura, la música y el cine mexicanos.

Juan Pablo Dabove hace notar que la novela de la Revolución Mexicana más canónica, *Los de abajo*, de Mariano Azuela (1915), es precisamente una novela de bandidos. La economía del bandidaje que sostiene a la rebelión revolucionaria es ante todo una estrategia de desarticulación del sistema hacendario (Dabove, 2007: 256).

----

[3] Término que designa al bandido despiadado. Según el diccionario *Webster*, se trata de un criminal violento, especialmente un bandido del Oeste de los EEUU en el siglo XIX.

La bola (como se nombra en varias novelas a los ejércitos revolucionarios para destacar su desorganización y espontaneidad) se constituye con una lógica antiestatal, en un impulso destructivo y gozosamente fatalista. El bandido y el hacendado son las dos fuerzas que se hallan a la vez en pugna y transacción; el primero representa al desempleado y despojado de propiedades, y el segundo a la clase criolla oligárquica. Eric Hobsbawm observa que el bandido no se encuentra fuera de las relaciones sociales y económicas de la vida ordinaria; constituye una parte importante de la cadena productiva, hace circular bienes y ofrece una opción de forma de vida (Hobsbawm, 2000: 91). Desde el siglo XIX se advierte que la literatura de bandidos es también la literatura costumbrista. Una especie de etnografía del mercado, el crédito, los intercambios, los vaivenes de bonanzas y bancarrotas nos conduce a comprender la integración de las organizaciones criminales a las diversas esferas de las instituciones y la sociedad. En general, se trata de narrativas que describen la crisis de la economía debida a la emergencia del bandidaje, el cual, por su parte, se legitima a sí mismo como una práctica que responde a las exclusiones de dicho sistema económico. El miedo al bandido ha de entenderse, entonces, como el miedo al colapso del sistema económico.

Es difícil encontrar referencias contemporáneas a Pancho Villa y Emiliano Zapata que no subrayen dicho miedo al bandido. Desde el gobierno de Francisco I. Madero (1911-1913), la mayoría de los periódicos criminalizan a estos guerrilleros desde la perspectiva del hombre civilizado que defiende el orden y el progreso occidental, liberal, burgués; es decir, moderno. Se trata de la clase intelectual que se ha formado bajo el proyecto modernizador del régimen de Porfirio Díaz y que muchas veces ve en los revolucionarios una amenaza al orden civilizatorio. Uno de los retratos más feroces y conocidos de Emiliano Zapata es el que publica el poeta Ramón López Velarde en el periódico *La Nación*, el 22 de julio de 1912: "Es el hombre (o la fiera) que ha reunido en sus manos (o en sus garras) mayor suma de poder efectivo" (López Velarde, 1986: 607). Queda implícita la afirmación de que el bandido temido en la Ciudad de México y en el estado de Morelos durante el gobierno de Madero tiene más poder que el presidente, y que este poder lo demuestra con el amplio apoyo de que goza entre el populacho hambriento. El zacatecano explica dicho apoyo señalando que gracias al robo Zapata les ha dado de comer a los pobres y con ello ha consolidado su poder. Hay en esta crónica de López Velarde un miedo basado en la incapacidad del Estado para controlar el desorden social. Es usual leer en la prensa de esos años la exigencia de la clase media urbana ante las instituciones del gobierno de que se persiguiera a los rebeldes que amenazan la seguridad.

En el artículo "¿Quiénes son responsables del zapatismo?", publicado anónimamente en el periódico *El Chamizal*, el 18 de agosto de 1912, se cuestiona al gobierno de Francisco I. Madero por no defender a la ciudadanía de los hechos de sangre perpetrados por los zapatistas. En repetidas ocasiones este periódico sugiere que Madero protege a Zapata, pues este fue una pieza clave en el levantamiento armado de 1910 que derrocó a Porfirio Díaz, tras lo cual Madero fue electo presidente. El periódico pasa por alto el hecho de que Zapata sigue levantado en armas, ahora contra Madero, su antiguo aliado, precisamente porque ve desatendidas sus demandas de reparto de tierra para los campesinos. El artículo llama a la autodefensa de la ciudadanía, en vista de la falta de voluntad mostrada por el gobierno para exterminar a los bandidos zapatistas. Entre los abusos a los que se refiere están los reclutamientos forzados (levas), el robo e incendio de haciendas y el asesinato de periodistas. Madero, continúa el articulista anónimo, "no vuelve los ojos al sur donde los trenes son dinamitados, donde los pasajeros son robados y asesinados, donde las mujeres pierden la honra y los hombres el honor, donde rápidamente un floreciente y rico Estado, conviértese en un montón de ruinas, humeante y desolador" (*El Chamizal*, 18 de agosto de 1912: 1). Aterrorizado por el reciente asesinato de sus colegas, este periodista anónimo no alcanzaría a comprender cómo ese Atila del Sur habría de convertirse décadas más tarde en una de las figuras fundacionales del Estado revolucionario.

Francisco Villa y Emiliano Zapata, y otros revolucionarios menos reconocidos en el panteón nacional –como Pánfilo Natera–, pueden ser caracterizados como bandidos sociales, de acuerdo con la definición de Eric Hobsbawm: "son campesinos fuera de la ley a quienes los patrones y el Estado consideran criminales, pero se mantienen en la sociedad campesina, y su gente los ve como héroes, defensores, vengadores, luchadores por la justicia, y quizás hasta líderes de la liberación" (2000: 20).

El conflicto entre legalidad y legitimidad, el punto límite entre la ley y la justicia, o como Hobsbawm mismo observa, el contexto de la transición entre estructuras sociales (2000: 27) proveen al bandido de protagonismo en los procesos de cambio, o por lo menos sus hazañas nutren de símbolos y mitos a la narrativa nacional. El bandidaje es entonces un indicador del colapso entre las clases sociales y entre los sistemas de normatividad. Se trata de la contradicción que se ha venido presentando desde la época colonial. Esto es, la criminalización del bandido es efecto de la ley del colonizador, lo que lleva a entender la criminalización como un instrumento de poder. Ya Samuel Ramos ha llamado la atención sobre la falta de adecuación de las leyes mexicanas a las realidades sociales, por el hecho de ser transcritas de otras constituciones liberales (como el Código Napoleónico y la Constitución de los Estados Unidos). En este sentido, hablaríamos de la criminalización como producto del desfasamiento constitucional (Ramos, 1982: 44-45). Más aún, en el caso de las demandas planteadas en el Plan de Ayala, promulgado por Emiliano Zapata en 1911, donde desconoce al gobierno de Madero, lo que se exige no es precisamente un nuevo régimen en la tenencia de la tierra, sino el restablecimiento de las propiedades comunales cedidas a los indios por la ley española, lo cual nos lleva a pensar que, en gran medida, los pronunciamientos insurrectos son acción y efecto del anacronismo y la irrealidad de las leyes, como ya lo hemos observado en la novela *Astucia*. Hemos de añadir, entonces, a la difícil tarea de comprender la criminalidad esta sucesión de revocaciones y promulgaciones, esta difusa trama de reglas donde la noción misma de *orden* queda indefinida.

Interpretar la criminalización del bandido social como estrategia política es tratar de entender la endémica inconformidad con el marco legal por parte de todos los actores sociales, según podemos leer a lo largo de las diversas narrativas de los siglos XIX y XX. Debe recordarse que en la Colonia esta inconformidad afecta a la clase criolla frente al europeo, de manera que cuenta como una de las causas centrales de la Independencia. Puede decirse, entonces, que la nación surge de una inconformidad ante la ley colonial. No quiero decir que el sujeto nacional pertenezca a otra ley que no sea la adoptada de los centros metropolitanos y adaptada por las clases políticas, sino que su existencia social depende del acto de desobediencia a esa ley. El mexicano vive en referencia a esa ley, la reconoce al desobedecerla, y en ese sentido instala una subjetividad construida sobre la base del socavamiento de la ley. Al referirme al bandido social como héroe nacional, implico que su valor heroico reside en esta capacidad de transgredir la ley y construir una cultura desde la disidencia. Este apropiarse de la ley infringiéndola caracteriza a un sistema de escamoteo que puede entenderse como un desafío a la constitución del Estado. Ana María Alonso y Eric Hobsbawm coinciden en entender el bandidaje como un sistema de autogobierno que existe por necesidad, lejos del alcance del Estado, en las fronteras donde las comunidades constituyen fuerzas bélicas al vivir en un estado permanente de defensa. La Revolución no hace sino aglutinar a todas esas fuerzas en contra del gobierno federal. Es significativo que los ejércitos de Zapata y Villa permanecieron hasta el final contra el bando que representaba al gobierno federal, fuera este el de Porfirio Díaz (1876-1911), el de Francisco I. Madero (1911-1913), el de Victoriano Huerta (1913-1914) o el de Venustiano Carranza (1914-1920).

De acuerdo con Michel de Certeau, el escamoteo consiste en un uso alternativo de los objetos, espacios y discursos propuestos por los aparatos del orden o por las diversas instancias que promueven las normas de conducta (1996: 35-48). Hablamos aquí de un uso alternativo de la ley. El bandidaje social se instala en los márgenes del Estado. Dependiendo de la situación política, los bandidos desafían al Estado en pro de los grupos desfavorecidos, establecen territorios donde las fuerzas del gobierno no pueden interferir, o bien se convierten en apoyo de la nación cuando esta se ve invadida por fuerzas extranjeras. El bandido establece su influencia por medio del uso de la fuerza y la complicidad de sus comunidades: poder de coerción y capital político. El bandido insurrecto reta a la ley y las instituciones, establece su dominio y sus reglas, e incluso puede negociar con las diversas instancias de poder; es decir, se convierte en una fuerza política. Por ello encontramos muy a menudo que estas bandas de criminales constituyen la fuerza armada que sostiene movimientos sociales y que cuenta la mayoría de las veces con las simpatías de los sectores populares. Tal es el caso de Los Plateados, la organización criminal que aparece en la novela *El Zarco*, de Ignacio Manuel Altamirano, y que fue un apoyo armado para las luchas liberales y contra la Intervención francesa entre las décadas de 1850 y 1870. O el de la novela *Astucia*, de Luis G. Inclán, arriba referida, donde los contrabandistas de tabaco (solo considerados criminales por el gobierno, pero plenamente legitimados por la población en general) llegan a establecer un gobierno autónomo. Este modelo de bandido social que actúa como un grupo armado al margen de la ley y que se legitima socialmente como la fuerza bélica necesaria para defender a las comunidades contra los invasores y los abusos del gobierno y los hacendados es la base de la mayoría de los movimientos armados que se incluyen bajo el término de Revolución Mexicana.

El período de inestabilidad que empieza con la caída del gobierno de Díaz en 1911 y llega hasta el de Cárdenas en los años treinta trae consigo el surgimiento de diversos grupos beligerantes en los que no puede desligarse lo revolucionario de lo criminal. Mientras el gobierno de Madero se mostró incapaz de controlar la amenaza zapatista, la usurpación de Victoriano Huerta solo logró que las fuerzas rebeldes y criminales se aliaran en un gran movimiento que tanto sostenía cruentas batallas contra el Ejército como saqueaba haciendas y ciudades en nombre de la Revolución. La crisis política que se prolonga dos décadas trae consigo una gran confusión que propicia el desarrollo de organizaciones criminales. No hablamos solamente de bandidos revolucionarios con una posición política de reivindicación de las clases desposeídas, a quienes el discurso oficial posrevolucionario elevaría al rango de héroes nacionales, sino también de grupos que en la confusión de la guerra civil desarrollaron negocios ilegales y cometieron abusos contra los ciudadanos en nombre de la Revolución. Por último, los grupos criminales que lucraron con los conflictos políticos constituyen la otra cara del bandido social, que revisaremos en el siguiente apartado.

El bandido mercenario

En *Los bandidos de Río Frío*, de Manuel Payno, referencia central en lo que a la literatura de bandidos se refiere, leemos cómo el factor de exclusión económica y social que caracteriza al bandido, cuya condición de *desperado* lo ha entrenado en la violencia, se valora como un potencial para las actividades criminales de alto perfil. Los dos héroes que hemos seguido en las historias alternadas de esta novela –Evaristo y Juan Robreño– convergen en la feria de Tepetlaxtoc, en el Estado de México. Relumbrón, el jefe del Estado

Mayor del Presidente Santa Anna, acaba de comprar dos haciendas que piensa aprovechar en actividades criminales echando mano de la guardia rural para asaltar diligencias en el camino real de México a Veracruz. Evaristo es un prófugo de la justicia, y Juan Robreño, un desertor del ejército cuya vida se ha desgraciado por enamorarse de una marquesa, hija del dueño de la hacienda donde creció y donde su padre es administrador. Estos dos *desperados* protagonizan una justa de jinetes en la que ambos demuestran arrojo y pericia y son exaltados por su virilidad. El valor de la masculinidad puesta en riesgo, escenificada como desafiante y temeraria, va a la raíz del sistema de poder que sostiene a la sociedad mexicana. Un grupo de políticos y hacendados están reunidos en la feria de Tepetlaxtoc para admirar las destrezas de dos prófugos de la ley, un evento que también resulta en una oportunidad de contratación de sujetos cuya vulnerabilidad social los convierte en candidatos a criminales. La caracterización que nos ofrece Relumbrón cuando piensa reclutar a Robreño es reveladora de las cualidades lucrativas del *desperado*:

> *Relumbrón* pensó que era necesario, a toda costa, hacerse de este proscrito, de este fusilado por desertar al frente del enemigo, de este muerto vivo, que debería estar lleno de ira y de venganza contra la sociedad y contra unas leyes que habían ejercido contra él crueldades tan terribles como las de la Inquisición en tiempos antiguos, y él, hombre de mundo, cortesano y rico, no se equivocaba en tan probables apreciaciones y se proponía sacar todo partido posible de este hombre anómalo, que no tenía más alternativa que el suicidio o la venganza y el crimen (Payno, 1982: 726).

La intervención de Relumbrón como hombre que organiza y emplea para su beneficio las actividades criminales funciona como una coyuntura mediante la cual el bandidaje se institucionaliza o se sistematiza, aunque fuera en un espacio clandestino, al ocultarse tras actividades socialmente instituidas, como las de las guardias rurales.

Hombres de ira y venganza, los bandidos llevan en sí una fuente de energía que Relumbrón convertirá en riqueza. Bajo el control del funcionario corrupto, estos personajes portan uniformes y credenciales que los ponen en condición de ejercer un control basado en el terror, al confundirse las fuerzas del orden con las fuerzas criminales, el mecanismo de la impunidad que hemos de encontrar a lo largo de toda la historia de México y que, como veremos en los capítulos subsiguientes, es una de las claves de la violencia contemporánea.

El otro recurso de que se vale Relumbrón para el éxito de su empresa es la puesta en marcha de una estructura de espionaje a las futuras víctimas de robo con la utilización de la gran red de servidumbre que asiste a las familias adineradas.

> En las casas más principales, en los cafés, en los teatros, en los toros, en las oficinas, en los conventos mismos, necesitamos personas que nos den razón de la vida íntima de las familias, para calcular con acierto y madurar el golpe; en una palabra, una policía secreta en toda la ciudad y las ciudades, haciendas y pueblos adonde se extiendan nuestras operaciones (Payno, 1982: 777).

Lo que ha hecho Relumbrón es encauzar la exclusión social, el rencor de la servidumbre y de los proscritos para constituir una gran organización de espionaje, asalto y falsificación de moneda, con la impunidad que le brinda el hecho de ser el jefe del Estado Mayor, el funcionario de las mayores confianzas del presidente. Se trata, en efecto, de una representación *ficcionalizada* del coronel Juan Yáñez, cercano a Santa Anna, quien fuera condenado a muerte en 1839 tras un largo proceso (Castro Leal, 2006: vii-viii). Es difícil en este caso distinguir los actos del bandidaje de los actos de la clase gobernante. Se trata de una estructura subterránea en la que el acto de gobernar y los actos criminales son sinónimos. La sociedad decimonónica que leía los folletines de Payno habría recibido estas historias como claves para explicar la endémica inseguridad de los caminos. Desde la perspectiva de Payno y sus lectores, Relumbrón y los bandidos constituyen una alianza inmoral que corroe la vida social y estanca las actividades económicas.

Se trata, sin duda, de una alianza letal para la institución del Estado, pero que no contradice el sistema de control, tampoco la formación de poderes regionales surgidos de las luchas por la independencia de México. Durante la primera mitad del siglo xix, época a la que se refiere la novela de Payno, existía una proliferación de grupos armados que se empleaban tanto en el servicio público como en el privado y que definían las relaciones de poder por su capacidad bélica. De acuerdo con Vanderwood:

> Los gobernantes contaban con sus milicias; un presidente municipal, su policía; y un hacendado, su tropa privada de incondicionales. Los pequeños políticos encontraron que la mejor forma de promover sus carreras era establecer una unidad armada que pudiera ser usada como contrabalance o, de ser necesario, para golpear a los rivales. La fuerza, más que las ideas e incluso las instituciones de justicia, determinaba las elecciones. Finalmente, dichos grupos armados representaban algo tangible y útil que donar a la causa de los caudillos o al gobernante o al general rebelde con la expectativa de una gratificación sustanciosa (1992: 34).

El mercenarismo es entonces una forma regular de constituir unidades armadas para muy variados propósitos. La novela de Payno deja ver los conflictos entre gobernadores y el presidente, y entre grupos de bandidos y policías cuyas credenciales se intercambian a lo largo de un asalto a mano armada. Los bandidos que asaltan el camino de Veracruz a la Ciudad de México son parte del mismo equipo que viene a arrestarlos. Evaristo –antes prófugo de la ley, ahora bandido-policía al mando de Relumbrón– reparte en grupos iguales a los que van a actuar como bandidos y los que los perseguirán. El montaje incluye un muerto y tres heridos, para desvanecer cualquier sospecha (Payno, 1982: 543-546). La aplicación de la justicia es solo una escenificación con la que se trama la versión oficial sobre el cumplimiento de la ley. Con ello, el Estado deja ver su condición ficticia. Esta ficcionalización de la justicia, donde la muerte se reduce a un acto de simulación, será una característica constante del modo de operar del crimen organizado en su alianza con los sectores oficiales o las fuerzas políticas. Según Vanderwood, la intercambiabilidad de policías rurales y bandidos de la época de Juárez a la de Porfirio Díaz era muy alta (1992: 51-60). El sistema de justicia ha sido, desde entonces, un juego de cambios de papel para una clase de hombres armados que vende sus servicios a organizaciones criminales o a los ejércitos en guerra, o que se mantienen en los entretelones del crimen oficial. Este carácter lucrativo del servicio de armas no impide que se los analice como fuerza política. Al ser fuerza armada, son determinantes de las relaciones de poder. En el personaje del bandido social es indiscutible este carácter político, pero ¿es igualmente rasgo definitorio de los grupos mercenarios como los de asaltantes y guardias blancas que surgieron en la época revolucionaria? ¿Dónde podemos trazar la línea que distingue lo criminal de lo político?

El 7 de abril de 1915, un grupo de hombres con uniformes de oficiales zapatistas se presentó a las 11 de la noche en la casa del comerciante Luis Torranzos con una orden de cateo que lo obligó a cederles la entrada (Sánchez González, 1997: 44-45). Los supuestos oficiales se llevaron todos los objetos de valor que encontraron. Se trataba de la Banda del Automóvil Gris, que a partir de este robo va a convertise en la organización criminal más temida en la Ciudad de México de aquella época. El dirigente de esta organización era Higinio Granda, un inmigrante español que logró obtener el título de capitán zapatista gracias a que su hermano era un oficial de este ejército. Pero Higinio ya tenía antecedentes criminales, y su acercamiento al ejército zapatista tenía el propósito de efectuar atracos a título oficial en residencias de las familias acomodadas de la capital. Esta serie de delitos no puede deslindarse del proceso político en que suceden.

Para 1915, tras la derrota y expulsión de Victoriano Huerta, las fuerzas revolucionarias están divididas por lo menos en dos grandes bandos: los convencionistas, que incluyen a los ejércitos de Francisco Villa y Emiliano Zapata, y los constitucionalistas, que reconocen el liderazgo de Venustiano Carranza, al que se adhieren los generales de división Pablo González y Álvaro Obregón. Los convencionistas han ocupado la capital y tratan de gobernarla; Venustiano Carranza, por su parte, establece su gobierno en Veracruz. La economía está prácticamente paralizada, hay carestía y acaparamiento de víveres, lo que produce descontento y medidas represivas que restan popularidad a los revolucionarios. Cada grupo de poder emite su propio papel moneda (los llamados *bilimbiques*), que perderá su valor al momento en que el ejército enemigo tome la Ciudad de México, de manera que los metales y las piedras preciosas son los únicos bienes que no se devalúan. Para financiarse, los ejércitos incautan las pertenencias de quienes consideran enemigos de su causa, o simplemente entran a la fuerza a las haciendas o a las residencias de las familias acomodadas de la ciudad, cuyos propietarios, si se resisten a deshacerse de su patrimonio, son tratados como enemigos de la Revolución y por lo tanto de la nación.

Los cateos de la Banda del Automóvil Gris son la expresión de una práctica instituida por la propia Revolución. Aunque son considerados falsos revolucionarios, se presentan uniformados y con documentos oficiales. Desde *la bola*, que describe a la turbamulta que se levanta contra los ricos y que entiende la Revolución como un vandalismo general en haciendas y ciudades, hasta las incautaciones selectivas que se llevan a cabo con órdenes de cateo oficiales, el proceso revolucionario puede concebirse como un quebrantamiento continuo del Estado de derecho, lo que se explica en gran parte por la indefinición del marco legal con que opera el Estado. Si en un principio la Banda del Automóvil Gris actúa en nombre de las fuerzas zapatistas, pronto esta afiliación será negada por los propios generales del Ejército del Sur.

En otra versión, la banda será identificada precisamente con el autor intelectual del asesinato de Zapata: el general Pablo González, uno de los candidatos a la presidencia en 1920.[4] Personalidades del mundo del espectáculo como María Conesa y Mimí Derba fueron sospechosas de haber estado implicadas o de haber sido beneficiadas con los hurtos de este grupo criminal. En 1919, Enrique Rosas dirigió la película *El automóvil gris*, bajo la producción de la compañía Azteca Films, presidida precisamente por Mimí Derba con apoyo financiero de Pablo González (Sánchez González, 1997: 87). La tecnología cinematográfica añade otra dimensión al desarrollo de esta empresa criminal: los políticos implicados han de utilizar el medio más efectivo de difusión masiva para limpiar su imagen pública y denigrar la de sus enemigos. La pantalla presenta a los criminales en trajes impecables con el fin de asociarlos con las fuerzas políticas. Esta representación los incorpora al código visual de los hombres de lucha, cuyo efecto es proveer a los malhechores de la apariencia de hombres de bien, o al menos de hombres con beligerancia (es decir, hombres reconocidos como contendientes en una situación de guerra). Como observa el crítico de cine Carlos Noriega Hoppe en un artículo publicado en *El Universal* tras el estreno de la película, "cuando la feroz banda roba y comete violencia sin nombre, en vez de tropezar mis ojos con una figura satánica que en medio de esas escenas mostrase toda la impudicia del mal, vi un amable caballero vestido irreprochablemente" (citado en Sánchez González, 1997: 100). La imagen del criminal se ha transformado: ya no es un personaje vulgar y desharrapado;

....

[4]   La película *Las abandonadas*, dirigida por Emilio Indio Fernández (1944), sugiere esta tesis.

ahora es ya un gentilhombre. Además de funcionar como un hábil descargo de uno de los políticos aspirantes a la presidencia, la cinta introduce la representación del hombre urbano bien vestido como sujeto sospechoso.[5]

La señora Gloria Mejía, cuya infancia transcurrió en la colonia Guerrero, uno de los barrios populares del centro de la Ciudad de México, recuerda cómo llegó a conocer a uno de los integrantes de la Banda del Automóvil Gris en la década de 1940. Estando un día en la tintorería de su tío, este la presentó a dicho individuo diciéndole: "Quiero que conozcas a mi sobrina para que cuando la veas en el camión no me la vayas a robar" (entrevista realizada el primero de abril de 2011 en la Ciudad de México). El hombre, de estatura mediana y bien vestido, era un carterista que vivía en la misma manzana que la señora Mejía, y era conocido como el único de la banda que escapó de ser fusilado. El testimonio de la señora Gloria revela que el ladrón urbano y los policías que vigilaban el barrio eran por todos conocidos y tenían relación de respeto entre sí. Un equilibrio logrado mediante pactos de protección y reconocimiento entre vecinos parece haber hecho posible un clima de seguridad que, según doña Gloria, en nuestra época es imposible concebir.

El caso de la Banda del Automóvil Gris está lleno de leyendas, malentendidos y manipulaciones donde los conflictos políticos de la época pueden leerse como condicionantes de las representaciones. Si la película de Rosas es un producto de propaganda en beneficio del general González, por ese solo hecho se puede adivinar una relación estrecha entre este militar y las actividades de dicha organización. Ello es posible en un contexto de ingobernabilidad e inestabilidad económica. Sin embargo, esta situación de caos no implica que las prácticas cotidianas carezcan de estrategia. La

---

[5] Ya en el porfiriato podemos hablar del personaje del *lagartijo* como un pícaro bien vestido que acecha a la gente de bien que pasea por las calles elegantes de la Ciudad de México (Macías, 2003).

vida social y económica funciona mediante tácticas de simulación, hasta darse el caso de que los ciudadanos se declararán maderistas, villistas, zapatistas, carrancistas, dependiendo de quién haya vencido en la última batalla.

Los recursos de evasión frente al gobierno en turno, las formas de autodefensa y, en la medida de lo posible, los desplazamientos a regiones menos peligrosas son modos en que la sociedad va sorteando los avatares políticos. La población tiene que renovar continuamente sus recursos de adaptación a las nuevas reglas oficiales, lo que nos permite hablar de una forma de vida que solo es posible como socavamiento de las leyes. Normas no escritas emergen en el propio transcurso de las prácticas cotidianas. Cuando volvemos a las narrativas sobre la época, descubrimos que pueblos enteros desarrollan formas de escamoteo y simulación que se convierten en normas de conducta colectiva. Puede decirse que gran parte de la narrativa de la Revolución consiste en una incesante adaptación a las reglas fortuitas a las que la ciudadanía tiene que someterse o, mejor dicho, tratar de desobedecer. *Los recuerdos del porvenir*, de Elena Garro (1963), por ejemplo, narra la forma en que la población se relaciona con un jefe revolucionario obregonista, Francisco Rosas, que no goza de la aceptación de los pobladores, en primer lugar debido a la ejecución continua de guerrilleros zapatistas que él ordena, en contubernio con el cacique Rodolfo Goríbar, cuya ambición de acumular tierras despojadas a los enemigos de la facción revolucionaria triunfante lo lleva a cometer crímenes contra algunos vecinos de Ixtepec, con lo que ejerce una política de terror. Rodofo Goríbar ha traído pistoleros de Tabasco para llevar a cabo este proceso de despojo. El narrador, que personifica al pueblo de Ixtepec, nos explica:

> "¡Los pistoleros!". La palabra todavía nueva nos dejó aturdidos. Los pistoleros eran la nueva clase surgida del matrimonio de la Revolución traidora con el porfirismo. Enfundados en trajes caros de gabardina,

con los ojos cubiertos por gafas oscuras y cabezas protegidas por fieltros flexibles, ejercían el macabro trabajo de escamotear hombres y devolver cadáveres mutilados. A este acto de prestidigitación, los generales le llamaban "Hacer Patria" y los porfiristas "Justicia Divina". Las dos expresiones significaban negocios sucios y despojos brutales (Garro, 1985: 71).

Esta situación llega al exceso cuando los hombres de Rosas persiguen al sacerdote y ejecutan sangrientamente al sacristán y a varios guerrilleros cristeros que significativamente habían sido parte de la ya extinta guerrilla zapatista.

Ante esta situación de exterminio de los guerrilleros, la comunidad organiza formas de resistencia consistentes en la supresión del acceso a servicios sexuales para los militares por parte de las prostitutas del pueblo y sus propias amantes y una red de información y mutua protección entre los pobladores, al mismo tiempo que agasajan a los militares con fiestas y atenciones. Esta participación de la comunidad conlleva un juicio moral contra los abusos de los militares que se han apropiado del gobierno local, hasta el punto de recluir al presidente municipal en el burdel. Independientemente de las reglas de Rosas, los personajes del pueblo se organizan para proteger al movimiento cristero, que se plantea como una reacción ante las políticas anticlericales del Estado revolucionario, y que aquí se presenta como una continuidad del zapatismo, que había empezado a decaer tras el asesinato de Emiliano Zapata en 1919. Para esta novela, es un personaje colectivo el pueblo de Ixtepec que personifica al narrador, el poseedor de la legitimidad.

Otra novela que subraya la criminalidad de los revolucionarios es *Sucedió ayer*, de Fernando Robles (1940), contextualizada en los meses que sucedieron a la batalla de Celaya (abril de 1915), en la que Francisco Villa sufre una derrota decisiva a manos del Ejército Constitucionalista de Álvaro Obregón, entonces aliado de Venustiano Carranza. Los conflictos revolucionarios se describen desde

la perspectiva de una familia de hacendados de Lagos de Moreno,
Jalisco, que sufre el saqueo de las tropas carrancistas tras la derrota
de Villa. Don Francisco Castro, el hacendado, en su frustración por
ver que sus caballos y reses han sido arrebatados por la fuerza, no
tiene otra definición de la Revolución que el despojo: "Ese despojo,
ese desperdicio del trabajo acumulado era la Revolución [...]. Él no
desentrañaba su causa ni sus ideales; pero palpaba sus efectos [...]
Pronto habría hambre en Lagos, como en todo el país" (Robles,
1940: 87). Don Francisco observa que la Revolución consiste
en una suspensión del Estado de derecho y una supremacía de
la criminalidad. Así reitera la visión más extendida respecto a los
conflictos sociales de México entre 1910 y 1930, según la cual se
trata de una lucha sin dirección ideológica, sin causas ni ideales;
solo efectos desastrosos que únicamente pueden llevar a la ruina
económica y al imperio del bandidaje. Desde esta perspectiva, la
literatura que directa o indirectamente se refiere a la Revolución
Mexicana puede considerarse también como una serie de textos
sobre la hegemonía de lo criminal. De ahí que tendremos que aceptar que las acciones criminales que se confunden con las acciones
revolucionarias tendrán que definirse asimismo como *acciones
políticas*. El mismo concepto de *lo criminal* pierde su precisión
al desaparecer el marco de la ley, esto es, el ejercicio efectivo de
la legalidad que lo definía como *criminal*, lo cual nos devuelve al
sentido de la Revolución como evento en el que las estructuras se
trastocan. Lo que esta novela nos muestra es cómo los ciclos de la
vida económica, en este caso dependientes de los ciclos agrícolas,
cuestionan la validez de la Revolución como transformación para el
bien social. Las normas de convivencia, los grupos gobernantes, el
papel moneda, la propiedad de la tierra sufren un radical trastocamiento, según apreciamos en las narrativas centradas en la reconstrucción del mundo cotidiano de esta época. Se trata de un ajuste
estructural, un entramado que implica lo económico, lo político

y lo discursivo. Fernando Robles, al igual que Elena Garro, Nellie Campobello y el testimonio de Jesusa Palancares en *Hasta no verte Jesús mío*, de Elena Poniatowska, entre otros, tienen en común presentarnos estos ajustes estructurales como estrategias comunitarias, intercambios entre la población civil y los revolucionarios, reglas temporales y formulaciones discursivas que tratan de dar sentido a un Estado pasajero que no se ostenta siquiera como Estado.

Mientras los revolucionarios plantean que esta revuelta ha sido necesaria para la refundación de un Estado igualitario, una de cuyas más importantes consecuencias sería la desaparición del sistema de haciendas y la repartición de tierras entre los campesinos, los hacendados de la novela de Robles solo pueden ver el fin de una economía, lo que para ellos implica la incapacidad de producir alimentos para todos.[6] Los carrancistas se han llevado los animales necesarios en el cultivo, con el fin de matarlos y vender los cueros en la frontera. Es decir, han destruido los medios de producción de una economía rural, y con ello han desarticulado un sistema sociopolítico. La criminalidad revolucionaria se impone como una economía de la destrucción o una contraeconomía. La presencia del ejército carrancista en Lagos de Moreno se caracteriza por la ruptura del orden económico de la hacienda y la arbitrariedad del ejército que se sostiene por los actos de abigeato y despojo. Los soldados saquean las reservas de grano, sacrifican a los animales y condenan al hambre a la población. La novela adquiere sus momentos más expresivos cuando una horda de hambrientos se lanza a recoger uno a uno los granos de trigo dejados atrás por la trilladora.

A la muerte de don Francisco, la familia Castro queda en ban-

----

[6] Aunque, como veremos más adelante, esta repartición fue solamente parcial, ya que en el período posrevolucionario se forman nuevos latifundios pertenecientes a los veteranos de la Revolución, lo que va a motivar una serie de conflictos agrarios que se extienden hasta el levantamiento del Ejército Zapatista de Liberación Nacional en 1994.

carrota, pierde la hacienda y José Luis, el hijo, se convierte en un bandido revolucionario. Su compañero, Juan García, "le había advertido a José Luis que no pretendiera reclutar ángeles ni santos porque esos no servían para nada, sino demonios, bandidos de ley, pero a condición de que fueran arrojados. Las revoluciones no se ganaban con buenas gentes, sino con bandidos, individuos sin apego a la vida" (Robles, 1940: 162). Para Juan García, el bandido se caracteriza por ser arrojado, malo, demonio, hombre "sin apego a la vida". Es el *desperado* que ha roto con el orden y ocupa el espacio que escapa del control del Estado. El bandidaje que funda al Estado revolucionario tendrá en su contra a los mismos despojados que en reacción también actúan como bandidos. Ser bandido se asume como una cultura en la que se combinan los actos justicieros, el resentimiento social y un ambiente de terror. Muy a menudo, uno u otro personaje se refieren a la casi imposibilidad de ser ciudadano honesto y trabajador bajo el régimen revolucionario, en clara nota nostálgica de la paz porfiriana. Las interpretaciones de la Revolución Mexicana se han mantenido en una incesante indefinición en lo que respecta a su caracterización ideológica y su proyecto. Aunque la Revolución haya surgido como un impulso de corregir los excesos de poder, al final todos los grupos que se forman para corregir los males del país terminan aniquilándose mutuamente por la vía criminal: todas las facciones revolucionarias sobreviven mediante el despojo de los otros hasta arruinar la economía de la nación. La novela se enfoca en las formas de sobrevivencia de las hordas famélicas y en las estrategias de reacomodarse de las familias hacendadas venidas a menos; destaca los reajustes de las relaciones de poder y de las normas que rigen el mercado y la política local. Aquí, la economía criminal cumple un papel central; en el desmantelamiento de las haciendas tanto carrancistas como villistas fue determinante. A ello le sucede el desplazamiento de los campesinos, la imposibilidad de seguir produciendo, la consecuente hambruna, las epidemias y la aparición de una nueva clase de gobernante que ha de distanciarse cuanto antes del modelo de liderazgo de bandido revolucionario que había iniciado la lucha armada.

En *Sucedió ayer* las tropas villistas gozan de mayor simpatía que las carrancistas. De hecho, el héroe de la novela, José Luis, logra sus mayores hazañas en contra de los carrancistas bajo la filiación villista. Por otra parte, el antagonista, Salvador Martínez, recibe la desaprobación de todos los miembros de su comunidad cuando se convierte en político carrancista. Más aún, hacia el final de la novela, cuando José Luis recibe un nombramiento de teniente coronel en el ejército de Obregón, sus compañeros originales de lucha se distancian de él porque rehúsan parecerse a quienes eran sus enemigos. El militar de uniforme de la nueva burocracia carrancista se percibe como usurpador del modelo humanitario y comunitario del bandido social que caracteriza al revolucionario villista.

Las relaciones establecidas en el ejército oficial difieren de las que se mantenían en la gavilla de bandidos. Marte R. Gómez caracteriza de esta manera las formas de relación entre el líder y sus subalternos en el ejército villista: "A falta de un Estado Mayor que regulara los movimientos de las fuerzas revolucionarias y les señalara rígidamente sus encuadramientos, los revolucionarios se movían más bien en obediencia a sentimientos de simpatía y de solidaridad, para acometer operaciones importantes, que a normas puramente castrenses" (1972: 29). Las relaciones que Marte R. Gómez describe remiten a la narrativa de la formación de lazos de lealtad entre los bandidos de la novela decimonónica. El método castrense le era incómodo a Villa; en cambio, los lazos de solidaridad propios de las comunidades rurales eran los que garantizaban su efectividad. En gran parte de las narrativas producidas en torno a la figura de Villa, el aspecto político de la solidaridad comunitaria y el factor emocional en la toma de decisiones son los rasgos dominantes de su caracterización. A diferencia de la nueva burguesía emergente, compuesta de militares profesionales y exadministradores de hacienda, Villa no toleraba la corrupción (Katz, 1985: 14). Esta actitud ante los vicios del nuevo gobierno establecido por la facción constitucionalista marca la distancia entre el modelo del bandido revolucionario y el sistema de corrupción que caracterizará a los gobiernos de la Revolución institucionalizada. Ante las formas oficiales de despojo, los personajes de la novela *Sucedió ayer* perciben al bandido revolucionario como moralmente superior al oficialismo carrancista. En una carta con fecha del 2 de abril de 1916, dirigida al presidente Venustiano Carranza, el gobernador de Veracruz, Heriberto Jara, se queja así del ejército carrancista en su estado:

> [...] el mal comportamiento de algunos jefes de armas, entre otros, los de Nogales y Río Blanco, están distanciando al Pueblo del Gobierno [...] [dándose] casos de verdaderos asaltos por parte de los soldados a personas, con el pretexto de reconocerlos como zapatistas [...]; [cuando las autoridades civiles intervienen] los jefes de armas contestan que a ellos no los manda más que el comandante militar; así, mi situación es difícil como representante del Ejecutivo del Estado... (cit. en Ricardo Corzo *et al.*, 1986: 138).

El carrancismo establece un tipo de criminal que actúa por encima de las normas militares oficiales y de los códigos de honor de los bandidos: el pistolero. Mientras que el constitucionalismo apoyaba la protección de las garantías individuales y pugnaba por reducir la presencia de militares en el gobierno, al mismo tiempo solapaba el ajuste de cuentas y la ejecución de rivales como práctica política. En *Sucedió ayer*, Ana Elena Castro, la hermana de José Luis, se ha casado con el abogado Salvador Martínez, quien apenas triunfaron los carrancistas supo congraciarse con ellos y ascender en puestos políticos del Estado. Ana Elena es amante de Roberto, su primo, y pretende divorciarse de Salvador. Como político carrancista, se espera que Salvador tome venganza impunemente, contratando pistoleros que asesinen a Roberto. El narrador comenta:

La política mexicana acababa de iniciarse en la era del pistolerismo, del "raqueterismo", en el que el *gangster* triunfaba sobre el idealista y el tinterillo ladino sobre el soldado de la Revolución. Principiaban los atentados personales realizados en la sombra, en el anonimato o cometidos por esbirros a sueldo. Roberto acababa de tener un accidente automovilístico y en él vieron la mano de Salvador Martínez (Robles, 1940: 228).

Los términos *gangster* y *raqueterismo* revelan una influencia de la cultura angloamericana en ciertas formas de criminalidad que se asocian a las mafias del país del norte. Pero en el caso del carrancismo se refiere a la aparición de un tipo social que va a ser objeto de desprecios en diversas narrativas del siglo xx. Como en el caso de Rodolfo Goríbar y Francisco Rosas en la novela de Garro que hemos comentado, este personaje se caracteriza como carente de honor, es un traicionero a la comunidad desde su afiliación al desprestigiado carrancismo, por lo que sus actividades serán consideradas deshonrosas, precisamente por funcionar como un agente del gobierno en contra del ciudadano honrado y trabajador. Es así como José Vasconcelos describe el desprestigio moral del carrancismo:

Carranza será recordado por haber suministrado la raíz de un nuevo verbo, el verbo CARRANCEAR. En el caló mexicano, CARRANCEAR es lo mismo que hurtar. Por eso los revolucionarios de buena fe y los revolucionarios ilustrados fueron dejando a Carranza; pero no sin que antes Carranza lograra privarlos del poder, privarlos de la vida, privarlos de la libertad, privarlos de todo lo que podía quitarles, hasta no dejarnos a muchos más que el honor, grande por cierto de ser sus enemigos (1920: 64; las mayúsculas son del original).

El episodio de la caída de Carranza, que ha dado lugar a numerosas catilinarias y apologías, nos deja ver un vuelco determinante en la historia política de México. Por una parte, es el constitucionalismo, del cual Carranza fue el jefe máximo, el que subyugó a las dos corrientes más importantes de la insurrección popular, la de Villa y Zapata, cuya agenda estaba claramente orientada a establecer formas de democracia directa, fortalecer la autonomía comunitaria y la reducción de la brecha social. Por otra parte, al pensar en su sucesor, Carranza también trata de romper con las aspiraciones de los militares a la Presidencia e impulsa en su lugar un movimiento civilista, para lo cual propone la candidatura del diplomático Ignacio Bonillas. Esta posición confronta a Carranza con sus más importantes aliados, en especial los generales de división Álvaro Obregón y Pablo González, pero además pone en la arena pública una controversia que va a mantenerse durante las décadas de 1920 y 1930: la de si los caudillos militares tendrían mayor efectividad en la administración que los gobernantes civiles, a quienes se ha de identificar como modernizadores de la política. Por último, lo que es el centro de los argumentos de los críticos de Carranza, es su estilo de gobernar, que se pretende constitucional y arraigado en las instituciones, pero que instala un sistema de policías secretas y pistoleros a sueldo que han de eliminar subrepticiamente a los enemigos políticos. Podemos encontrar antecedentes de esta forma de mercenarismo en los casos arriba revisados de bandidos al servicio de empresas criminales de funcionarios públicos (*Los bandidos de Río Frío*) y de bandidos convertidos en policías rurales al servicio del orden y el buen funcionamiento de la economía durante el porfiriato. En el caso de los pistoleros del carrancismo parece acentuarse la antonomasia gobierno-criminalidad que va a caracterizar, en la percepción general, a la actividad política hasta el presente.

La muerte de Carranza y la consecuente subida al poder del grupo de Sonora, que gobernaría al país hasta 1934, cuando Lázaro Cárdenas es electo presidente, no significa la extinción de las fuerzas paramilitares, de pistoleros o guardias blancas al servicio de políticos y oligarcas. Las guardias blancas van a desempeñar un papel fundamental en el apoyo a los jefes revolucionarios, ahora convertidos en empresarios, contra el acoso de los líderes agraristas que insisten en ver cumplidas las promesas de repartición de tierras inscritas en la Constitución de 1917. De acuerdo con los historiadores Sergio de la Peña y Teresa Aguirre, durante los años dominados por el grupo de Sonora (1920-1934), los nuevos empresarios de agroindustrias (modelo de producción agrícola promovida por este grupo político), los hacendados e incluso pequeños propietarios y rancheros que se veían vulnerables ante los movimientos agraristas se apoyaron en las guardias blancas o en las fuerzas militares, e incluso contaban con el respaldo del poder local en los casos en que los gobernadores tuvieran inclinaciones anticampesinas (2006: 232).

El concepto de *guardia blanca* no es de invención mexicana. Lo encontramos en la novela histórica *The White Company*, de Conan Doyle (1891), en la que se habla de grupos paramilitares al servicio de los intereses de los nobles ingleses en la segunda mitad del siglo XIV. El término también se ha utilizado para referirse a grupos nacionalistas de Finlandia, Estonia, Letonia y Lituania que se pronunciaron contra el dominio de la Rusia zarista. Durante la Revolución rusa se conoce como guardias blancas a los grupos contrarrevolucionarios que apoyan al zar, como lo muestra la novela *La guardia blanca*, de Mijaíl Bulgákov (1926). Es significativo que el término empiece a popularizarse en México durante el movimiento agrarista de Veracruz, donde se usaba para designar a las gavillas de hombres armados que defendían a los terratenientes de las invasiones de tierras. Este movimiento agrario tiene sus antecedentes en el conflicto de los inquilinarios de 1915 en la ciudad de Veracruz, de inspiración anarco-comunista (Fowler Salamini, 1979: 46; Domínguez Pérez, 1986: 58-62).

De acuerdo con David Skerritt Gardner, en el período en que Carranza establece su gobierno en Veracruz, que coincide con el inicio del reparto agrario en ese estado (1915), "muchos de los rebeldes (líderes locales en contra de Carranza) son representantes de los patrones, y que de alguna forma luchaban por mantener las relaciones de subordinación en la región" (1989: 151). Esto define a las guardias blancas como contrarrevolucionarias, aunque se las identifique como rebeldes. Se dieron casos en los que las mismas fuerzas revolucionarias que buscaban el reparto de tierras funcionaron como protectoras de algunos de los terratenientes. Para Skerritt Gardner, dichas gavillas de rebeldes inhibieron la presentación de solicitudes de reparto de tierra en el estado entre 1916 y 1919. Esta contradicción se llega a exhibir en la película *El compadre Mendoza* (Fernando de Fuentes, 1934), cuya trama se desenvuelve en torno a estas negociaciones entre rebeldes y terratenientes, las que hicieron más difícil la realización de la reforma agraria proclamada por los revolucionarios de las regiones centro y sur del país.

Para 1921, el gobierno federal había dejado de respaldar directamente a la clase terrateniente; sin embargo, el Ejército les seguía brindando apoyo para impedir el reparto de tierras, incluso participando en el asesinato de varios líderes agraristas. "Para junio de 1922, Francisco Lara se había declarado en rebeldía, armado por los secuaces de Guadalupe Sánchez, y concentraba su grupo alrededor de Santa Rosa, municipio de Actopan. Se decía que había preparado una lista de agraristas que 'debían ser pasados a cuchillo'" (Skerritt, 1989: 182). Este es un ejemplo de cómo el Ejército, las autoridades civiles y los pistoleros contratados por los terratenientes se coordinaban para combatir al agrarismo (Skerritt, 1989: 183; Fowler, 1979: 64). Ante esto, en 1922 el gobernador del estado, Adalberto Tejeda, reparte armas a los campesinos para que se defiendan de las guardias blancas (Fowler, 1979: 65). La rebelión de Adolfo de la Huerta contra el gobierno de Obregón en 1923 tiene como uno de sus líderes en Veracruz a Cándido Aguilar, quien logró reclutar a gran parte de las guardias blancas que actuaban en el estado. Los agraristas armados por Tejeda apoyaron a Obregón contra los delahuertistas. Aunque Obregón y Elías Calles, los dos presidentes más importantes del grupo de Sonora, no consideraban que el reparto de tierras fuera la clave del crecimiento económico y en su lugar privilegiaban la agroindustria siguiendo el modelo estadounidense, el apoyo brindado por los agraristas les hizo ver el capital político que podían obtener gracias a la repartición de tierras (Peña y Aguirre, 2006: 230).

Un episodio al final de la novela *El indio*, de Gregorio López y Fuentes (1935), ilustra esta conversión de los intereses agraristas en capital político para los líderes del gobierno posrevolucionario. Tras el reparto de tierras, los terratenientes arman a sus guardias blancas para atacar a los indígenas en el momento que llegan a tomar posesión de sus parcelas. Ante esto, el líder revolucionario, que los ha apoyado en la construcción de la escuela y el establecimiento del ejido, logra que el gobierno del estado los provea de armas para defenderse contra los paramilitares. La escena hace clara referencia al gobierno de Adalberto Tejeda, y el comentario del narrador anuncia el desenlace al que han de llevar estos logros agraristas: "La política, relegando a un segundo término la idea esencial de dotar de tierras a las mayorías como medio de lograr su mejoramiento económico. Largos cordones de trabajadores, indígenas y mestizos, recorriendo los caminos, llevados y traídos por los líderes, para hacer presentes sus fuerzas ante los políticos superiores" (López y Fuentes, 1955: 180).

No significa esto que las guardias blancas se hayan extinguido en 1923 y que finalmente la Reforma Agraria haya triunfado gracias a esta estrategia política clientelar que va a caracterizar las movilizaciones del partido de la Revolución en años posteriores y hasta el presente. Al principio de los cuarenta, el fenómeno del pistolerismo antiagrarista todavía se registra en el estado de Veracruz. Un grupo armado de la Hacienda de Almolonga llamado La Mano Negra, que actuaba bajo el liderazgo de Manuel Parra, se dedicaba a la persecución selectiva de dirigentes agrarios (Hoffmann, 1992: 161-162), y aun en la historia reciente, el Ejército Zapatista de Liberación

Nacional (EZLN) dice estar continuamente acosado por las guardias blancas que los ganaderos de Chiapas han armado (véase el artículo *A Commune in Chiapas?*). Lo que sí puede afirmarse es que a partir de los veinte el sistema político mexicano va a recurrir a estrategias corporativistas y clientelares; al aglutinamiento de fuerzas que representan a los sindicatos y asociaciones de campesinos, principalmente para mantener un apoyo popular a los líderes; al mismo tiempo que los disidentes y críticos serán objeto de emboscadas, secuestros y asesinatos a quemarropa por parte de los pistoleros. En todo caso, el concepto de *guardias blancas*, en lo que representa como grupos de mercenarios al servicio de los terratenientes, va a dar lugar al de golpeador, pistolero o sicario.

Queda claro que al final de la lucha revolucionaria estos sicarios resultan más efectivos en la eliminación de enemigos peligrosos que la parafernalia de costosos ejércitos. La mejor muestra de esto es el asesinato de Pancho Villa. Tras el asalto del pueblo de Columbus, Nuevo México, perpetrado por los villistas en 1916, el ejército norteamericano y el de Carranza organizan un operativo binacional en el estado de Chihuahua para aprehender al bandido. Esta persecución resultó muy costosa para ambas naciones y sus resultados fueron nulos: Villa logró burlar a los dos ejércitos. Solo años después de entregar las armas, dedicado a sus negocios privados, Villa es asesinado en una emboscada (1923). Este asesinato nunca fue esclarecido, pero es imposible dejar de interpretarlo políticamente. Las ejecuciones sigilosas, a traición o en emboscada, marcaron el fin del bandolerismo de honor de los bandidos tradicionales, de quienes Villa era uno de sus mayores representantes.

En su cabalgata con el ejército mermado de Pancho Villa, que se desplaza por el estado de Chihuahua hacia la frontera con los Estados Unidos cuidando de no ser descubierto por el ejército de Carranza, Tiburcio, el protagonista de la novela *Vámonos con Pancho Villa*, de Rafael F. Muñoz (1931), cavila acerca de la identidad del grupo. Perdido el prestigio de haber luchado en batallas decisivas contra el gobierno impostor de Victoriano Huerta, el ejército de Villa evita acercarse a las áreas pobladas y prefiere cabalgar durante la noche. La aclamación popular del pasado se ha convertido en odio y miedo al legendario revolucionario. La fama de las crueldades y los saqueos son parte de la propaganda carrancista que ha hecho cambiar la actitud de la población hacia el líder de la División del Norte. En su reflexión, Tiburcio concluye que, aunque no hubiera participado en los actos de bandidaje, el hecho de haber estado bajo el mando de Villa lo convierte en un bandido, y que, por lo tanto, no tiene sentido abandonar al grupo: de todas maneras sería difícil escapar de la horca. A todos los seguidores de Villa, "hay una señal que los iguala, una marca que los distingue de los otros hombres, que los separa, que los detiene. Son cuerpos para la horca. Cuando se les rodee, cuando se les venza, cuando se les capture, morirán" (Muñoz, 1978: 110). Por ello, uno de los elementos que definen al bandido –no solamente para el caso del ejército de Villa, sino de manera constante para toda la literatura sobre bandidos y otros grupos criminales– es la fatalidad de su condición de desterrados, de sujetos carentes de ciudadanía (Muñoz, 1978: 112). Se trata, entonces, de una comunidad del miedo y el peligro, no solamente con respecto a la persecución oficial sino también por el recelo hacia los demás, por lo que entonces no se puede hablar de una comunidad solidaria sino de una comunidad de hombres que han de temerle a todo lo que se mueve a su alrededor. El retrato de Villa que Rafael F. Muñoz nos revela es el del hombre que oscila entre la crueldad y el miedo. Él mata con facilidad a los que obstaculizan sus intenciones. Mata a la esposa y a la hija de Tiburcio y lo obliga a seguirlo: es significativo que esta haya sido la escena censurada en la versión filmográfica de esta historia, dirigida por Fernando de Fuentes en 1936. Lo es porque, en efecto, el retrato de Villa como héroe de la Revolución es ya parte de la mitología nacional, promovida en el cine, el arte de masas por excelencia, y de esta manera entra a formar parte del discurso oficial y de la misma política de masas que reúne a los campesinos en las plazas del país para apoyar a los líderes populistas. Su caracterización como bandido, en cambio, pertenece a la narrativa histórica y literaria. El régimen posrevolucionario ha instaurado la censura de la imagen del héroe revolucionario, precisamente eliminando los elementos que lo caracterizarían como criminal. Tales son los casos de las películas *El prisionero 13* (Fernando de Fuentes, 1933), *El compadre Mendoza* (Fernando de Fuentes, 1934), *Vámonos con Pancho Villa* (Fernando de Fuentes, 1936), *El impostor* (Emilio Fernández, 1960) y *La sombra del caudillo* (Julio Bracho, 1960). Referirse a los revolucionarios como bandidos, traidores, sicarios y corruptos sería develar las bases ignominiosas de la nación posrevolucionaria. Como lo vimos en el caso de *El automóvil gris*, el Estado le asigna al cine el papel de limpiar la imagen de los hombres de poder. Si por una parte podemos hablar de la literatura de la Revolución como literatura de bandidos, tal como nos lo sugiere Juan Pablo Dabove, podemos decir, por otra parte, que el cine de la Revolución es un dispositivo de falsificación de este proceso histórico con el que las características del movimiento político-criminal van a ser desplazadas por la representación de una masculinidad honorable solo posible en las ficciones diseminadas por el discurso oficial.

2

Crimen revolucionario institucional

....

La Revolución Mexicana necesita actuar como
si creyese en su propia existencia.

—CARLOS MONSIVÁIS, *Días de guardar*

....

EL ESTADO POSREVOLUCIONARIO se funda sobre dos ficciones que
definen su modo de ser y su proyecto. Una es la ilusión de unanimidad
impuesta sobre firmes andamiajes corporativistas para pretender no
dejar a ningún ciudadano fuera de la verdad política de la Revolución,
entendida como credo nacionalista y destino histórico. La otra es el
mito de la modernidad, esa tierra prometida que justifica el estado
de excepción y la razón de Estado. Estas poderosas ficciones se
instalan mediante una justicia sacrificial, la cual promueve un celo
por mantener el estado de cosas, que se expresa en la persecución
de disidentes políticos, acusados de ser antinacionalistas y antimo-
dernos, enemigos del progreso y traidores a la mexicanidad. No se
trata exactamente de un celo por mantener el Estado de derecho (en
este caso la Constitución de 1917), sino por conservar el privilegio
de la excepcionalidad, esto es, la facultad de actuar por encima o
independientemente de la ley.

En este capítulo me importa analizar cómo las ficciones del Estado y las razones de Estado se conjugan para consolidar un orden
político fundado en lo criminal. Lo he dividido en cuatro secciones:
en "Simular es gobernar" analizo el sistema político mexicano como
un gran teatro social, en "Empresas criminales y autoritarismo posrevolucionario" describo la formación de un tipo de empresa criminal
basada en el sistema de corrupción del régimen posrevolucionario,

en "Corporativismo criminal y guerra sucia" me enfoco en la alianza de la clase gobernante con los criminales para ejecutar el crimen político y en "El espejismo de los archivos" propongo una estética desficcionalizadora frente al régimen de simulación.

Simular es gobernar

Nunca la noción de falsa conciencia fue tan evidente como en el México posrevolucionario: hay una percepción generalizada entre los mexicanos de que la política es una mascarada, una escenificación ritual de las ideologías. Por ello creo importante revisar los mecanismos de esta puesta en escena de la política en las obras que la desenmascaran. Ficción desficcionalizadora es un oxímoron que podría describir en gran parte a estas obras al interrogar su significación política. No quiero decir que *El gesticulador*, de Rodolfo Usigli (1938); *La sombra del caudillo,* de Martín Luis Guzmán (1929), y *La muerte de Artemio Cruz*, de Carlos Fuentes (1961) –obras que se comentarán en este capítulo–, traten de prescribir una línea de acción política, sino que su intervención consiste en señalar el juego de la política y reconocer sus reglas. En las tres obras muere el protagonista. En Guzmán y Usigli se trata de un asesinato del personaje que mejor encarna la posición revolucionaria, y en Fuentes, de la introspección y muerte de un revolucionario venido a multimillonario, beneficiario del régimen que, como lo expresó José Donoso, termina por "corromper ese primer momento de pureza revolucionaria mediante su propia corrupción" (1972: 283). En los tres actores podemos encontrar un factor de *Realpolitik* que marca un desencuentro entre los debates ideológicos y las luchas por el poder económico y de control social. La literatura mexicana del siglo XX cuenta entre sus obras más significativas esas que han señalado el desencuentro entre el pensamiento político y las acciones de dominación.

Entre los diálogos de *La sombra del caudillo* encontramos diseminada una lista de aforismos que van desplegando un manual de conducta para el juego político. Con tono pedagógico, la novela despliega el protocolo de la sagacidad y la mendacidad. Emilio Olivier, presidente del Partido Radical Progresista, está entusiasmado con que el partido lance al general Aguirre como candidato a la presidencia; pero este sabe que no es el favorito del caudillo, y no quiere confrontarse con él. Olivier le dice al diputado Axkaná que él sabe por instinto que Aguirre no es sincero cuando rechaza ser candidato: "En política no hay más guía que el instinto" (1963: 442). Aguirre le debe gratitud al caudillo, explica Axkaná, pero Olivier desaprueba esta debilidad en Aguirre: "En política nada se agradece porque en política nada se da" (1963: 441). La declinación de Aguirre a la candidatura no convence ni a los dirigentes del partido ni al caudillo ni a su rival, Hilario Jiménez. El argumento de Aguirre es la amistad que lo une al caudillo y la lealtad que le debe, pero en el código de estos políticos tal explicación es inválida. El mismo Axkaná lo reprende: "En el campo de las relaciones políticas la amistad no figura, no subsiste" (1963: 450).

La política es cuestión de instinto y oportunismo; los valores de la amistad, la gratitud y la lealtad se presentan como antipolíticos. Cobran valor entonces los lazos de complicidad, como las relaciones mafiosas, el nepotismo, el clientelismo y el intercambio de favores. Una ciencia del gobernar, formada con principios amorales, yace en el fondo de la ficción del Estado posrevolucionario. Considerarlo ficción no es una declaración de irrealidad ni mucho menos de debilidad. Por el contrario, quiero decir que la fortaleza y la solidez del Estado mexicano mucho le debe al uso pragmático de las ideologías, de las puestas en escena de la democracia, de la gesticulación que establece un contraste insalvable entre el discurso y los actos de gobernar, un contraste manejado con una especie de sabiduría perversa que se erige como norma de conducta social. De ahí que podamos plantear que el arte de gobernar consiste principalmente en el dominio del arte de la simulación.

La sombra del caudillo sienta las bases de lo que se puede analizar como un maquiavelismo del régimen de la Revolución: la
voluntad del caudillo es incuestionable; las masas de campesinos y
obreros actúan bajo procedimientos de clientelismo (por chantaje,
coerción, engaño o compra de votos); la política se conjuga con
el verbo *madrugar*: obtiene y merece el poder el que se adelantó
a los hechos, el que supo dar el paso oportuno; la simulación y el
disimulo tienen el carácter de normas estrictas en las relaciones
políticas. A continuación, tratamos de resumir esta suerte de *ars
politica* que nos permitirá entender las implicaciones criminales del
Estado de la Revolución.

a) *La voluntad del caudillo es incuestionable.* Aunque el concepto
de *caudillo* designa en los años veinte al Jefe Máximo de la
Revolución –cuya participación en la lucha armada y cuya su-
perioridad estratégica, no solo en el sentido bélico sino también
como líder popular, lo legitiman en esa posición de poder–,
la característica de autoridad incuestionable va a extenderse
a lo que se llama presidencialismo mexicano. De acuerdo con
Daniel Cosío Villegas, el presidencialismo mexicano constituye
el mayor desengaño de la supuesta democracia en este país, a la
que considera una "monarquía absoluta sexenal", lo cual implica
una amplia discrecionalidad en la tarea de gobernar, con el solo
límite de que se traslada a otro individuo cada seis años (Cosío
Villegas, 1972: 31). Para Jorge Carpizo, este poder ilimitado se
explica por el hecho de que, durante casi todo el período del
régimen priista (1929-2000), el presidente de la República es
a la vez presidente del partido oficial (que conglomera a los
diversos sectores de la población); opera sin oposición del
parlamento y del Poder Judicial, los cuales acatan su voluntad;
las fuerzas armadas dependen completamente de él; ejerce
amplio control de la economía y la opinión pública, y goza de
amplias facultades constitucionales y extraconstitucionales.

Todo ello redunda en la percepción generalizada de que no se le puede cuestionar (Carpizo, 2002: 25-26).

b) *Las masas de campesinos y obreros actúan bajo procedimientos clientelares.* Una de las principales características del régimen posrevolucionario, desde el gobierno de Álvaro Obregón (1920-1924) –ficcionalizado como el caudillo en la novela de Guzmán– es el uso de las organizaciones campesinas y obreras como recurso de fuerza política. Podemos entender esto como un pasaje del caudillismo, cuyo liderazgo populista descansa sobre las relaciones paternalistas y la fuerza del Ejército, hacia el corporativismo, cuyo poder proviene de la institucionalización de las organizaciones obreras, campesinas, profesionales y empresariales bajo el control de un solo partido, tal como lo planteaba el Pacto de Calles de 1929 al fundarse el Partido Nacional Revolucionario (PNR). Se trata de una estructura donde no son determinantes el voto ni la opinión individual, sino el voto corporativo en apoyo a políticas del partido que han sido determinadas en contubernio con la élite revolucionaria. El consenso se instaura autoritariamente a través de una lógica de intercambio de favores, chantajes, repartición de beneficios y medidas coercitivas.

c) *La política se conjuga con el verbo* madrugar: *obtiene y merece el poder el que se adelantó a los hechos, el que supo dar el paso oportuno.* Puede entenderse la era posrevolucionaria como el imperio de la oportunidad. El trastocamiento de las estructuras que este proceso significa establece una élite, la de la familia revolucionaria que, como veremos en *La muerte de Artemio Cruz*, remplaza a la élite porfiriana y apuesta al monopolio económico y al control de los grupos sociales. *Madrugar* significa anticiparse, interrumpir el curso de los hechos; pero también una traición y una excepcionalidad legal para eliminar a las disidencias políticas o a los rivales en los negocios. Así se establece un modelo económico ilícito que beneficia a las propias autoridades, como veremos en los casos de importantes gobernadores, como Abelardo L. Rodríguez y Rodrigo Quevedo. El gobernante empresario funda un gran monopolio de negocios legales y criminales que permea los espacios públicos y privados y en el que el modelo del corporativismo será el común denominador. El verbo *madrugar* sintetiza el sentido del crimen oficial, que entendemos como el crimen contra lo político.

d) La simulación y el disimulo son normas estrictas en las relaciones políticas. Además del sacrificio de los disidentes, la buena salud del autoritarismo posrevolucionario depende de su capacidad de controlar los espacios de lo visible y lo no visible a través de formas de censura orientadas a resguardar lo que esconden las apariencias. La censura se enfoca en desterrar del escenario público la estética de la contrasimulación, es decir, el conjunto de obras de arte que incluyen algún modo de delación de los simulacros políticos. *La sombra del caudillo* y *El gesticulador*, entre una miríada de trabajos literarios del siglo xx, construyen su realismo precisamente sobre la base de este desenmascaramiento del régimen posrevolucionario.

Tanto *El gesticulador* como *La sombra del caudillo* gozan del prestigio de haber sido tocadas por la censura, no en su presentación como textos sino como espectáculos; es decir, la censura acota los espacios de diseminación de ideas. Permitir el desenmascaramiento ante el público del teatro o del cine terminaría por desmantelar el régimen de las apariencias de la clase gobernante, aunque no parece haber la misma preocupación con respecto a las publicaciones escritas. El drama de Rodolfo Usigli hace hincapié en que para ser político se requiere saber parecer. César Rubio vuelve a su pueblo a probar suerte, tras haber fracasado como profesor de Historia en la capital. Él es homónimo y paisano del general César Rubio, asesinado traicioneramente durante la Revolución. Esta coincidencia posibilita que César, quien es especialista en la Revolución Mexicana, logre usurpar a su homónimo ante el profesor Oliver Bolton, de la Universidad de Harvard, historiador y especialista también en la Revolución Mexicana, que casualmente, en el primer acto, aparece en su casa para pedir ayuda. Tras este encuentro accidental con César, Bolton publicó su hallazgo en la prensa norteamericana, lo que atrae a los políticos, que llegan para reconocer al reaparecido general y ofrecerle la candidatura al gobierno del estado. Su rival en esta contienda será el general Navarro, el hombre que asesinó al hombre que César está usurpando, y que al final de la obra ordenará también su asesinato.

Un hombre que simula ser héroe de la Revolución es alegoría del Estado que simula ser Estado de la Revolución. La posibilidad de gobernar se da en términos de usurpación o simulación del poder, pero esta simulación conlleva una serie de acciones violentas para que la ficción del Estado llegue a tener efecto de realidad. En este sentido, el factor que desnuda al Estado en *El gesticulador* no es un profesor de Historia que usurpa a un general revolucionario asesinado, sino la actuación del general Navarro, que ordena matar a César Rubio porque este sabe que aquel es asesino y traidor. No es, entonces, la usurpación de César Rubio –que provee a la obra de fluidez dramática–, sino el doble asesinato del general Navarro, el que representa al sistema posrevolucionario en su verdad criminal.

Estamos, pues, ante obras que abordan los puntos sensibles del régimen. Me interesa destacar el que parece el más sensible políticamente: la relación de los líderes con la colectividad. Tanto en Usigli como en Guzmán llama la atención que el papel de la comunidad es hacer eco de las proclamaciones del dirigente en turno. En *El gesticulador*, la masa que unos minutos antes gritaba consignas en favor de César Rubio, al saber de su muerte, las gritará en favor del general Navarro (1983: 81). Lo que esto evidencia es que esperan un beneficio del hombre de poder a cambio de formarle una comparsa y manifestarle apoyo. En la novela de Guzmán, Olivier, el líder del Partido Radical Progresista, ha dejado de apoyar a Aguirre al darse cuenta de que las preferencias del caudillo se inclinan hacia Hilario Jiménez, por lo que hace movilizar a una masa de campesinos para proclamar su candidatura en la convención del partido en Toluca. Cuando Jiménez le comunica que no acepta el acuerdo bajo el cual lo apoyaría, Olivier instruye al gobernador del Estado de México –que ha organizado la convención– a que induzca a la gente a apoyar a Aguirre, pero es tarde: Hilario Jiménez ya ha acordado directamente con el gobernador y este ha dado órdenes a los campesinos de exhibir un fervor hilarista, minando así el liderazgo de Olivier (1963: 459-464). En todo momento se nos recuerda que el caudillo toma las decisiones de quién será su sucesor y que el pueblo piensa al unísono con él. La masa obrero-campesina que grita consignas dictadas por los líderes será la fuente del poder del régimen posrevolucionario. Los generales en el gobierno han sustituido con esta fórmula clientelista a las campañas militares.

Con este respaldo unánime, el Estado es capaz de negociar frente al capital extranjero y mantener a los grupos disidentes sin ninguna influencia. Todo lo que vaya contra los intereses de los líderes se ha de considerar contrario a los intereses de la patria: con esta lógica se articula el discurso del nacionalismo revolucionario. Esto implica un gran esfuerzo por mantener una red de apoyos y de intercambios de favores. El aparato del partido de la Revolución logra su estabilidad en lo que Leon Trotski definió como *bonapartismo sui generis* en su análisis del gobierno de Lázaro Cárdenas (cit. en Aguilar Mora, 2000: 244). Trotski parte de la idea de que México depende de la inversión extranjera, pues su burguesía es débil frente a los intereses imperialistas, y por lo tanto requiere el apoyo del proletariado y el campesinado para oponer resistencia a las amenazas externas, con lo que logra un equilibrio de fuerzas, una estabilidad tensa. Según el historiador Manuel Aguilar Mora, el bonapartismo mexicano, que se empieza a configurar en el régimen de Álvaro Obregón, trata de fortalecer al Estado conciliando las diferentes fuerzas que estarían en conflicto mediante una relación negociadora o de cooptación con la burguesía nacional, los grupos obreros y campesinos, y el gobierno de Estados Unidos (2000: 280-285).

Los trabajos de Usigli y Guzmán descubren un proceso más complejo que el que percibe el revolucionario ruso: se trata no de una burguesía débil sino de una oligarquía asentada sobre bases criminales y el uso de los recursos histriónicos como una vía de convertir lo criminal en político. Más allá del marco de las luchas ideológicas entre la izquierda socialista y el Estado priista, de los conflictos agrarios, de la formación de las grandes confederaciones obreras y de los credos políticos, las críticas de Usigli y de Guzmán se concretan a señalar las intrigas criminales de la clase gobernante. A pesar de que ambas obras culminan con el asesinato del personaje que mejor representa a la política revolucionaria, no es su opinión ideológica el motivo de su muerte, sino su cuestionamiento de la legitimidad de las autoridades.

Lo que en estas obras se censura, en todo caso, es el desenmascaramiento de una farsa, el acto de declarar la mascarada. En este sentido, son obras que violan las reglas de juego de las apariencias, el teatro de las simulaciones en que se ha convertido la política nacional. Es indicativo que en ambos casos la censura tiene el objetivo de disuadir la amplia difusión de estas obras. Es paradójico que la censura de la película *La sombra del caudillo,* que dirigió Julio Bracho (1960), suceda dos años después de que Guzmán, también autor del guion, haya sido galardonado con el Premio Nacional de Literatura. En el caso de *El gesticulador*, la censura se aplica a la segunda puesta en escena, después de haber tenido un éxito sin precedentes en el teatro de Bellas Artes en 1947 (sala llena durante dos semanas, hasta que la dirección del teatro se mostró incapaz de extender la temporada). Así narra Usigli el fracaso de la segunda puesta en escena, en el Teatro Manolo Fábregas:

> Al pasar en 1949 por Nueva York y saludar, según vieja costumbre, a mi amigo Andrés Iduarte, se aclaró inesperadamente el supuesto enigma del sabotaje sindical en el Fábregas. Andrés me refirió que unas noches antes nada menos, en una reunión en su casa, se había hablado de mí y se había discutido *El gesticulador*, y cómo una dama presente había despotricado sobre mí y mi obra de tal modo que él se vio obligado a interrumpirla explicándole: "No, perdona, pero *El gesticulador* no es ni pretende ser tu hermano [...]". Independientemente de que X negó haber sido parte en esto, las palabras de Iduarte me abrieron la sencilla explicación del sabotaje decretado por la Federación Teatral: el líder se había creído aludido, sin leer ni ver mi pieza, y había ordenado la maniobra a los dirigentes (1983: 107-108).

La maniobra consistía en negarse a vender entradas al público arguyendo que se habían agotado, mientras que en esas dos semanas el teatro luciría vacío. Aunque las autoridades estaban incómodas por la puesta en escena, se resistieron a prohibir la obra directamente para evitar el descrédito ante la opinión pública. La acción censora entonces se puso en manos de la Federación Teatral. De esta manera, podemos definir a la política corporativista como una complicidad entre autoridades y organizaciones sociales incorporadas al partido.

Una intriga sindical que termina en un sabotaje para evitar la incriminación pública del líder priva a la colectividad de apreciar una representación con alto valor crítico. Desprendemos de aquí dos modos de concebir la colectividad: como opinión pública y como fuerza coercitiva. En el primer caso, encontramos que la autoridad ejerce control sobre las obras que han de diseminarse en el gran público del cine y del teatro, mientras muestra amplia tolerancia ante el sector lector, que representa a la minoría educada, limitando a esta la capacidad de opinión. Los asuntos relativos a la administración pública han de mantenerse en reserva, y su conocimiento y crítica podrá tener lugar en los espacios que no contaminen a la mayoría que ve cine y teatro pero que no lee. De esta manera, encontramos una amplia producción literaria cuya revisión nos permite establecer un mapa de las relaciones de fuerzas y de los discursos en juego.

Estamos ante una estructura que distribuye los espacios de lo visible y los sujetos que tendrán o no el privilegio de ver las representaciones políticas. El Estado administra la circulación de los signos. La masa unánime, que no tiene acceso a las representaciones críticas, respalda la agenda del partido y es, entonces, uno de los mayores recursos de la élite política. La Dirección de Cinematografía y la Dirección de Radio y Televisión –ambas dependientes de la Secretaría de Gobernación– fueron las mayores instancias censoras del régimen priista entre 1929 y 2000. El PRI controlaba los periódicos y la televisión de tal manera que en las décadas de 1960 y 1970 el presidente de Televisa, Emilio Azcárraga Milmo, trabajaba acompañado de un oficial de la Secretaría de Gobernación con el fin de que el Poder Ejecutivo mantuviera un control directo sobre la información (Ortega, 2008: 23). Uno de los ejes del bonapartismo corporativista es, precisamente, la censura sobre los medios. Se selecciona y se altera la información para el control de la audiencia masiva. Es este control férreo el que impidió que la masacre de estudiantes en Tlatelolco el 2 de octubre de 1968 tuviera alguna mención en los medios más populares. Hasta el presente, no se han podido esclarecer los detalles del acontecimiento debido a estas políticas de censura y tergiversación de los datos. De acuerdo con Guillermo Ortega Ruiz, fue la Secretaría de Gobernación la que desapareció las evidencias al quemar documentos, fotografías y materiales filmados. Desde la Presidencia se ordenó desaparecer las huellas y se decidió cuál información publicar y cuál ocultar (Ortega,

2008: 20). Esto tenía el objetivo de prevenir cualquier acción política que pudiera perturbar el orden público, el argumento más recurrente para justificar la censura (Ortega, 2008: 23). El control implacable de los medios evidencia la relación intrínseca entre la censura y el autoritarismo. En otras palabras, la administración censora de la información mantiene al aparato corporativista bajo control.

El dominio del PRI no se basa solamente en las estrategias de control de los medios. Como hemos mencionado, la censura ha sido un mecanismo de ocultamiento de la otra cara del partido, su carácter represor. Como fuerza coercitiva, el corporativismo mantiene un modo de exterminio de disidentes políticos que durante las décadas que siguen al cardenismo se concreta a la utilización de criminales infiltrados en las organizaciones, policías secretos y esquiroles. Las bandas organizadas de criminales, desde las grandes mafias dedicadas a negocios ilícitos hasta las pandillas, son también organismos corporativizados pertenecientes a la gran red de influencia del partido de la Revolución.

La sombra del caudillo presenta a las multitudes de obreros y campesinos como *acarreados*, término que denota la falsedad del apoyo, la teatralidad de la congregación. Reunidos bajo coerción, no cuestionarán los acuerdos de los dirigentes. Las corporaciones son dúctiles; se acomodan a las disposiciones del líder en turno. Así lo han sido desde tiempos de la lucha armada. En *El gesticulador* también presenciamos la caricatura de la masa corporativa, *los acarreados*, quienes proclaman al general Navarro, el nuevo gobernador, sin preocuparse por saber que él es el que acaba de asesinar a César Rubio, su líder previo. En *La sombra del caudillo*, el desfile de subalternos y políticos por las oficinas de los contendientes a la Presidencia –reproduciendo los mismos diálogos con cada uno de ellos– lleva a los extremos de la farsa, la doblez y mendacidad de las adhesiones (1963: 445). La política es la suma de la falsedad, el arte de la adulación, la hipocresía, las inusitadas traiciones y la elevación de la astucia a la principal de las virtudes del hombre de poder. César Rubio carece de la malicia que se hace indispensable para acceder al poder; el general Navarro lo sabe, y espera hasta el final para asestar el golpe, de tal manera orquestado que incluso, cuando todas las circunstancias lo señalan como culpable, él tiene éxito en su plan gracias a haber ido más allá que Rubio en la ruptura de escrúpulos, es decir, gracias a haberlo *madrugado*. Al final, Rubio muestra cómo su conocimiento de la historia se presenta también como una posibilidad de enderezar los abusos de poder de la clase gobernante. En su diálogo privado con Navarro, describe el perfil de esta clase:

> Puede que yo no sea el gran César Rubio. Pero, ¿quién eres tú? ¿Quién es cada uno en México? Dondequiera encuentras impostores, impersonadores, simuladores; asesinos disfrazados de héroes, burgueses disfrazados de líderes; ladrones disfrazados de diputados, ministros disfrazados de sabios, caciques disfrazados de demócratas, charlatanes disfrazados de licenciados, demagogos disfrazados de hombres. ¿Quién les pide cuentas? Todos son unos gesticuladores hipócritas (1983: 62).

Al emprender su recorrido por los tipos de disfrazados, el personaje, que al principio hemos reprobado como usurpador, muestra la inocuidad de su delito al contrastarlo con la gran cadena de enmascarados que componen las relaciones de poder. Esta enumeración de los diversos gesticuladores que componen el tejido social está finalmente ofreciendo elementos para concebir a la sociedad como un gran teatro en el que participan los diversos sujetos a fin de asegurarse su pertenencia a la comunidad; esto es, gesticular es un compromiso ciudadano. Las cualidades democráticas, entonces, equivalen a las cualidades histriónicas para mantener vivo el proyecto de nación moderna, entendida también como entidad histriónica. Se trata de una verdad política que todos los espectadores –tanto los aludidos

por la pieza como los que han encontrado ahí las críticas más cer-
teras– comparten. Llamamos verdad política al sistema discursivo
que impone el consenso corporativista bajo el entendido de que la
categoría de verdad en el terreno de lo político ha de establecerse
no por la vía del razonamiento lógico o la comprobación científica,
sino por la vía de la coerción, o mejor dicho, por los múltiples procedimientos de que se dispone para imponer una hegemonía. Se
trata de una verdad no creíble libremente, sino creída de manera
dependiente o condicionada. En este sentido, encontramos una
equivalencia entre la verdad política y la verdad religiosa: ambas
se basan en ficciones impuestas bajo el recurso del miedo o el
chantaje. En todo caso, es difícil concebir que los propios líderes
políticos crean en su discurso, aunque argüirán en su favor feha-
cientemente. "Los profesionales de la política mexicana –dice José
Revueltas– siempre han tenido el buen juicio de no creer jamás en
el valor de las palabras, ni de las propias ni de las ajenas" (1983:
30). Vemos así una bipolaridad entre la literalidad del discurso
revolucionario y la acción que este discurso desempeña. En este
sentido, el discurso del partido es una verdad que no requiere ser
creída para imponerse como acción política: basta con que el público la refrende, pues tal es la condición para mantenerse en los
marcos de la ciudadanía. La hegemonía se concibe en este caso
como teatralidad impuesta. La fe colectiva en el corporativismo
del México posrevolucionario fue siempre un gesto coaccionado,
un acto de dominación que no podría tolerar la disidencia.

Jacques Rancière encuentra en el consenso la cancelación de
lo político, es decir, la anulación de la posibilidad de perturbar el
orden, la condena del disenso al plano de lo prohibido. Si el corporativismo consiste en un consenso coercionado, surge como una
necesidad de contener la perturbación que abra espacio a la democracia. Se trata, de esta forma, de una administración del consenso,
"la reducción de la política a la policía" (Rancière, 2010:42). Quiere

decir, entonces, que la colectividad corporativizada se consolida mediante una estrategia policial.

En *La muerte de Artemio Cruz*, de Carlos Fuentes, esta función policial va a desempeñar un papel central en la manipulación de los ejidatarios por parte del protagonista, un militar revolucionario venido a magnate. Artemio Cruz ha repartido armas entre los campesinos para luchar contra las guardias blancas de Pizarro, un latifundista que tiene como objetivo despojarlos de sus tierras. Cruz les ha prometido que al vencer a Pizarro les repartiría sus tierras, lo cual hace después de vender a pequeños propietarios una parte, quedarse con la mejor porción y por fin asignarles a los ejidatarios las de menos productividad. Ventura, el líder de los campesinos, es cómplice de los negocios y especulaciones de Cruz. Tras despojar al latifundista, Cruz desarma a los ejidatarios y arma su policía:

> — Diles que me devuelvan los rifles, Ventura. Ya no les hacen falta. Ahora cada uno tiene su parcela y las extensiones mayores son mías o de mis protegidos. Ya no tienen nada que temer.
> — Cómo no, amo. Ellos están conformes y le agradecen su ayuda. Algunos andaban soñando con mucho más, pero ahora están conformes otra vez y dicen que peor es nada.
> — Escoge a unos diez o doce entre los más machos y a ellos les das los rifles. No sea que vaya a haber descontentos de un lado o del otro (Fuentes, 1972: 87).

Consumados el despojo y la repartición inequitativa de las tierras, Cruz se asegura de que los campesinos estén conformes, lo que podemos entender como la actitud esperada de los grupos corporativizados. Una serie de mediaciones se establece aquí: el líder revolucionario emprende una repartición de tierra tras vencer al representante del antiguo explotador de los campesinos. Juega entonces el papel de libertador y a la vez de nuevo cacique al que los nuevos ejidatarios han de estar agradecidos. Hasta ese punto se trata de una operación caudillista, que para este caso significa la sustitución de un explotador por otro, manteniendo los rasgos paternalistas de la relación del caudillo con los campesinos. Pero también hay un mediador entre el líder revolucionario y los campesinos, Ventura, quien habrá de ayudarlo a producir el sentimiento de gratitud y además mantendrá informado a Cruz de cualquier inconformidad.

La figura del líder campesino o del líder sindical con función mediadora aparece también en *La sombra del caudillo* y en *El gesticulador*; es el que se encarga de agitar a la colectividad y de conducir sus acciones, siempre bajo las órdenes del hombre de poder. Es esta administración de la conformidad y la gratitud la que nos permite hablar de una política cuyo objetivo es mantener el orden corporativo; se trata de una burocratización de la lucha obrera y campesina, es decir, de la clausura del disenso que en términos de Rancière define a la clausura de lo político. El estar conforme se explica, entonces, como una complacencia por estar sujeto a la voluntad autoritaria del nuevo cacique.

El presidencialismo surgido de esta estructura corporativista impone la certeza de que "la sujeción es mucho más lucrativa que la independencia", como lo expresó Cosío Villegas al referirse a la conformidad que inspira el autoritarismo presidencial (1972: 30). Cosío Villegas ve en la fundación del Partido Nacional Revolucionario (PNR) la extinción del modelo militar caudillista y el inicio de su remplazo, el presidencialismo. El partido es una gran estructura que totaliza las numerosas tendencias políticas, representadas en los 929 delegados que lo fundan (1972: 48). No se trata del triunfo de la Revolución que libertaría a campesinos y obreros de la explotación, sino de una estrategia de inmovilización de la inconformidad al crear la institución, el partido, que se encargaría de dar trámite a las demandas de los grupos. Sin embargo, en la idea de que en el partido se conglomeran todas las corrientes políticas que se manifiestan en el país se oculta una forma de cooptación de las demandas y de las inconformidades, pues es en los hombros de los líderes del partido donde descansa la responsabilidad de expresar cuáles serían las causas que el instituto político habría de defender.

La solución civilista-burocrática que venía incubándose desde la caída de Carranza en 1920 toma forma en la fundación del PNR en 1929 y se consolida en el sexenio de Lázaro Cárdenas (1934-1940) con la institucionalización del corporativismo, por el que prácticamente todos los sectores sociales del país habrían de contar con representación en el partido. De esta manera, la opción caudillista, en la que los militares dependían de su carisma y su fuerza armada, termina por desecharse por antimoderna, inestable y cismática. El Estado posrevolucionario establece un recurso contra las facciones bélicas: la unanimidad prescrita a fin de congregar a todas las muchedumbres en torno al objetivo de alcanzar por fin la modernidad. Pero esta modernidad no incluye el advenimiento liberal de la democracia, sino su disfraz, el totalitarismo. De acuerdo con Hanna Arendt, el totalitarismo se construye mediante una propaganda dirigida a una población desencantada por los fracasos de las democracias, y por ello es susceptible de dejarse fascinar por el carisma del hombre fuerte y la pertenencia al partido único (1970: 313-315). Lo que hace del partido de la Revolución una dictadura perfecta –Vargas Llosa– y lo diferencia de los totalitarismos que Arendt analiza es, precisamente, la preeminencia del partido sobre el hombre fuerte. Resulta paradójico que se trate de un autoritarismo no personalista, sino sometido a una serie de reglas que tratan de mantener la solidez del partido único, totalizador, y por ellas la masa unánime se desentiende de las decisiones de la vida pública, privilegio exclusivo del grupo de dirigentes, cuyas intrigas y tensiones se dirimen fuera del alcance del escrutinio público. Ello añade a la noción de política la de juego sucio e inmoral que ejerce la élite del partido con el aval pasivo de las corporaciones.

Empresas criminales y autoritarismo posrevolucionario

La muerte de Artemio Cruz es la narrativa de la formación de la oligarquía nacional posrevolucionaria, la clase de los militares venidos a funcionarios y empresarios, dueños de periódicos y latifundios, partícipes de las ganancias de las transnacionales mineras y de las especulaciones bursátiles. Este modelo de empresario combina los fueros del partido y la estructura bonapartista del gobierno con actos fraudulentos y participación en los negocios lícitos e ilícitos. La discrecionalidad de los líderes políticos, que son los líderes del partido y de la clase oligárquica a la vez, nos explica la aparición de diversas empresas criminales a lo largo del siglo xx, que, como veremos más adelante, serán la base para comprender el crecimiento exponencial de estos negocios hacia el fin de esa centuria y el principio del siglo xxi.

Los Artemio Cruz de la historia no son menos ambiciosos y corruptos que el personaje de Fuentes. Así nos lo muestra la amplia investigación realizada por Luis Astorga en los archivos norteamericanos relativos al narcotráfico en México, desde los primeros años de la prohibición en la segunda década del siglo xx. En su introducción a *Drogas sin fronteras*, el historiador afirma que las autoridades mexicanas accedían a colaborar con las norteamericanas en hacer cambios de funcionarios y modificaciones de leyes siempre y cuando "los miembros de la élite política no fuesen relacionados directa o indirectamente con el tráfico de drogas [...] la prioridad era destruir plantíos ilícitos, y perseguir y encarcelar traficantes conocidos, no descubrir y exponer en público con el objetivo de aplicar la ley los vínculos entre la política y el tráfico de drogas" (2003: 12-13). Los textos de los agentes y diplomáticos norteamericanos que Astorga revisa dejan constantemente entrever ese vínculo, de manera que *Drogas sin fronteras* contiene una nómina amplia de políticos mexicanos involucrados en los negocios ilícitos. Esta práctica de la *criminalidad oficial* se expandió a lo largo del siglo xx borrando la línea entre lo legal y lo ilegal, lo político y lo criminal.

El coronel Esteban Cantú, gobernador de Baja California (1916-1920), es un buen ejemplo de cómo el uso de las leyes de prohibición por parte de las autoridades tenía un fin lucrativo. Tras ordenar la prohibición del comercio del opio, Cantú hacía confiscar la droga para ponerla de nuevo en circulación, muchas veces vendiéndola al mismo traficante a quien se la había confiscado (Astorga, 2003:17). Entre los negocios de Cantú se encuentran los sobornos por permitir funcionar los fumaderos de opio, las cuotas que recibía por no perseguir el tráfico ilegal de inmigrantes chinos a los campos agrícolas de Mexicali y los cierres de centros nocturnos con el fin de cobrar fuertes sumas por su reapertura, además de los impuestos por tolerar la prostitución (Gómez Estrada, 2007: 57-60).

El vínculo entre la política y las actividades ilícitas, que tanto los gobernantes mexicanos como los oficiales norteamericanos evaden señalar directamente, es la fuente más promisoria de enriquecimiento. El caso de Cantú no es excepcional. La Ley Seca de los Estados Unidos fue ocasión de amasar fortuna para los políticos de las regiones fronterizas. Además de Cantú, podemos mencionar a Abelardo L. Rodríguez (también gobernador de Baja California, de 1923 a 1929, y presidente de la República de 1932 a 1934), así como a la dinastía Quevedo de Chihuahua, como casos emblemáticos de enriquecimiento a costa de detentar el poder y negociar con la ilegalidad.

Fincas algodoneras, minas, plantas vitivinícolas, empacadoras de alimentos, especulación en bienes raíces son algunos de los negocios en que el general Rodríguez estuvo involucrado. Todas estas inversiones hacen que el historiador José Alfredo Gómez Estrada se pregunte "¿cómo un general brigadier (rango de Rodríguez hasta 1928) cuyos ingresos fueron de unos dieciocho pesos diarios tuvo liquidez constante para hacer diversas inversiones?" (Gómez Estrada, 2007: 137). Aunque reconoce varios vacíos en los archivos contables que no permiten responder a esta pregunta, el historiador logra a través de la investigación periodística encontrar pistas que lo llevan a descubrir que protegía el contrabando de alcohol a los Estados Unidos, los fumaderos de opio y el narcotráfico, además de que participaba en el negocio de los casinos: Rodríguez era el dueño del casino más importante de Tijuana, Agua Caliente, hoy propiedad de uno de los políticos más polémicos de México, Jorge Hank Rhon (Gómez Estrada, 2007: 141-161). Este autor concluye:

> La conducta de Abelardo L. Rodríguez como gobernante no fue excepcional en el México posrevolucionario. En una coyuntura fronteriza similar, Juan Antonio Almeida, gobernador de Chihuahua entre los años 1924 y 1927, también aprovechó su puesto para crear un extenso imperio económico con base en fuertes sumas cobradas como comisiones por permitir el juego en los casinos de Ciudad Juárez. No está de más mencionar que en la década de los veinte Obregón y Calles supieron los manejos de casi todos los gobernadores para lograr una mejor posición económica. Uno de los caudillos sonorenses comentó a un escritor extranjero en 1923 que de 28 gobernadores solo dos eran honestos y otros dos eran de probidad cuestionable; el resto, sin lugar a dudas, se enriquecía gracias a su posición oficial (2007: 161).

Al hablar de un hecho criminal generalizado, no excepcional, tenemos que reconocer entonces la continuidad de un sistema de acciones ilícitas que define una forma de gobierno. No considerar la criminalidad como parte de las acciones de los gobernantes es mantenerse en una idea de Estado puramente conceptual, como si este fuera una calca de la letra de la ley. Las prácticas gubernamentales fraudulentas y los métodos coercitivos de formación de consensos sociales, como la censura y el corporativismo, son la norma que rige los procesos económicos y políticos, y en suma explica que la ilegalidad sea en México una forma de vida, una cultura ampliamente difundida Si la mayoría de los gobernadores se enriquece ilícitamente y la criminalidad se define como infracción de la ley, entonces el acto de gobernar es un acto criminal. No obstante, tendremos también que reconocer que se trata de un acto criminal tolerado y legitimado por el hecho de ser una norma de conducta y de organización medida con los mismos raseros corporativos con los que el país se ha organizado.

Rodrigo Quevedo gobierna el estado de Chihuahua de 1932 a 1936. Al igual que Abelardo L. Rodríguez, forma parte del grupo de Sonora y aprovecha su posición política para enriquecerse mediante la explotación de negocios lícitos e ilícitos. Al igual que el personaje Artemio Cruz de la novela de Fuentes, Quevedo compra o se apropia de gran parte de las propiedades que pertenecían a la familia Terrazas, la más acaudalada en la Chihuahua porfiriana. Por otra parte, Quevedo se aprovecha de la prohibición del alcohol en los Estados Unidos y de las drogas en los dos lados de la frontera para dominar el mercado ilegal eliminando a los rivales en el negocio con la confiscación de la droga o imponiéndoles cuotas para permitirles operar. Pero aún más, la familia Quevedo detenta las concesiones de los casinos de Ciudad Juárez y dirige uno de los primeros grandes cárteles de narcotráfico en esa región. De acuerdo con la historiadora Nicole Mottier, "Rodrigo Quevedo adquirió dos millones de pesos en propiedades, ganado y otros negocios [...] la supremacía de José, Jesús y Rodrigo Quevedo en el negocio de las drogas de Ciudad Juárez derivó también de su poder político formal" (2009: 27). Aunque los Quevedo eran impopulares entre los campesinos y obreros del estado, lo cual supondría un obstáculo para establecer relaciones corporativistas, los métodos de fraude, robo de urnas, votos múltiples, intimidación y acoso de votantes les permitieron fácilmente llegar al poder de la gubernatura y de los municipios de Casas Grandes y Ciudad Juárez. Los Quevedo, sin embargo, establecen una forma de corporativismo que va a caracterizar a las relaciones de la política con los negocios criminales. Según Mottier, al contrario de Enrique Fernández, el líder del grupo narcotraficante más importante en los veinte, quien era popular por sus grandes donaciones para obras públicas, los Quevedo logran establecer su organización criminal a través de la compra de voluntades y de colocar en puestos clave del gobierno a miembros de su propia asociación criminal. El liderazgo social de Fernández va a ser sustituido por los Quevedo con una forma de organización que emana del aparato burocrático del gobierno. Los inspectores, los congresistas, los concejales, los jefes de policía son nombrados para proteger los intereses del narcotráfico, el robo de autos y la administración de casinos. Según Mottier, los Quevedo añadieron a la estructura de los Fernández la centralidad del poder gubernamental en la organización de las actividades criminales (2009: 45). En este sentido, podemos hablar de un corporativismo criminal: la estructura gubernamental se sostiene en la organización del hampa. Hay una doble función que produce a la vez poder y riqueza. La acción oficial se encarga de organizar los asuntos del Estado tácticamente a fin de mantener bajo sus órdenes las actividades criminales. El aparato burocrático produce y desaparece archivos para blindar a la empresa ilícita ante cualquier investigación. Enrique Fernández, el principal rival de los Quevedo, murió asesinado en 1934. Los sicarios extrajeron de su chaqueta los documentos que inculparían a los políticos chihuahuenses. El propósito del homicidio era desaparecer las evidencias. Inmediatamente, toda la estructura de narcotráfico y contrabando de Fernández y la Nacha, su socia, se puso a las órdenes de los Quevedo.

En su trabajo sobre las relaciones entre el Estado y la delincuencia organizada en Tamaulipas durante el período posrevolucionario, Carlos Antonio Flores Pérez llama *reconfiguración cooptada del Estado* al apoderamiento de las instituciones por algún grupo de interés (2013: 54). Los casos de Baja California y Chihuahua aquí revisados permiten confirmar que se trata de un proceso generalizado de dejar en manos de las autoridades el control de los negocios ilícitos.

Las instituciones del Estado son fuertes mientras las dos fuentes más grandes del crimen permanezcan bajo su manejo corporativo. Tanto el desarrollo del mercado ilícito como las operaciones de la guerra sucia dependen de la estructura gubernamental. Por lo menos, los recursos institucionales, así como los fueros establecidos en las leyes, están a disposición del mismo mando, son parte de la misma administración. Control armado y control burocrático son las dos tareas en las que se centra la actividad criminal oficial. El estado de Chihuahua bajo el mando de Antonio Almeida y Rodrigo Quevedo, al igual que Baja California gobernada por Esteban Cantú y Abelardo L. Rodríguez, es un aparato de enriquecimiento de militares revolucionarios venidos a gobernantes-empresarios que tienen a su disposición sindicatos, bandas criminales, archivos oficiales, la maquinaria burocrática y la fuerza pública, todo para apuntalar un monopolio económico y político.

La incorporación de bandas criminales a la estructura gubernamental continúa durante todo el siglo xx. Las fuentes que hemos revisado nos permiten distinguir por lo menos tres formas de asociación entre oficiales y criminales. La más constante es el uso de bandas criminales y pistoleros para asesinar y desaparecer a los rivales políticos, tal como en *Los errores*, de José Revueltas (1980), y en *Un asesino solitario*, de Elmer Mendoza (1999). Otra forma de asociación es el acuerdo entre oficiales (desde agentes de policía hasta gobernantes) y criminales para que mediante pagos generosos los últimos puedan desarrollar sus actividades ilegales con la complicidad de los primeros: son ejemplos de esto los casos de Abelardo L. Rodríguez, y la maquinaria de complicidad descrita en la novela *Crimen de Estado*, de Gregorio Ortega (2009), donde el expresidente Miguel de la Madrid Hurtado (1982-1988) mantiene acuerdos con el cártel de Guadalajara. Una tercera forma de asociación ubica a las autoridades como líderes de las empresas criminales; son los casos del gobernador de Chihuahua Rodrigo Quevedo y de la película

Cadena perpetua, dirigida por Arturo Ripstein (1979), donde los agentes de la Policía Judicial fuerzan a un exprisionero a cometer robos de alto perfil.

Un análisis no ficcional que muestra a las autoridades controlando las actividades criminales es el documental *Los ladrones viejos. Las leyendas del artegio* (Everardo González, 2007). Encontramos en este trabajo una mirada nostálgica sobre la moral criminal, entre cuyas reglas está proteger la vida humana y no arrebatarles a las víctimas sus fuentes de empleo. Se trata de una nostalgia del crimen controlado, del crimen organizado bajo la égida de las instituciones. Este documental presenta las voces de viejos ladrones que destacaron en la historia del hampa de la Ciudad de México durante las décadas de 1960 y 1970, aunque el material visual y auditivo colecta momentos del cine de décadas anteriores, sugiriendo una tradición del robo que se ha desarrollado paralelamente al crecimiento de la ciudad posrevolucionaria. Ellos hablan desde la leyenda, esto es, parten de la fórmula del héroe excéntrico que los hace sonreír con orgullo. Los escuchamos con la intensidad con que podemos seguir las peripecias de una ficción criminal. Encontramos, pues, elementos que caracterizan a una estética basada en la economía de la hazaña, una producción de eventos audaces que violan la ley. La violación de la ley es, entonces, fuente de satisfacción.

Hay dos elementos que me gustaría destacar en los relatos de estos convictos: la naturalización de las actividades criminales y la asociación delictuosa con las autoridades. El ambiente precario de la cárcel parece reforzar la veracidad de los relatos. Ninguno de los ladrones viejos trata de probar su inocencia, tampoco se afilia a ninguna posición política, ni siquiera cuestiona el sistema penitenciario. Los ladrones dan cuenta de su forma de entrenamiento, de los secretos del arte de delinquir, de sus límites. El término *artegio* puesto en el subtítulo se refiere precisamente a "los sistemas de robar de cada delincuente"; denota el desarrollo de destrezas únicas que permiten la clasificación de un *modus operandi*, como explica el teniente Mauro Morales. Hablan de talentos especiales para el carterismo, para abrir puertas, para seleccionar a las víctimas; ponderan sus virtudes en lo que ellos llaman *trabajo*.

Uno de los personajes más prominentes entre los ladrones es Efraín Alcaraz Montes de Oca, El Carrizos, un ladrón cuya especialidad era allanar casas. A la pregunta: "¿Se siente usted satisfecho de su carrera como ratero?", hecha por un reportero, él repone: "Como ladrón, señor", imprimiendo en esta corrección la demanda de respeto a su oficio. "Para la policía era yo no un héroe, pero sí un ejemplar", dice orgulloso. En esta exaltación del arte de robar, se pondera una destreza difícil de dominar; El Carrizos se erige como un ejemplo para los propios policías. Robar le rentaba cuatro o cinco millones de pesos al año, gracias a una gran estructura: dirigía al menos a cuarenta personas, las cuales identificaban domicilios accesibles, elaboraban planos y viajaban por todo el país robando joyerías y residencias. Es decir, además de destacarse como el más hábil ladrón de residencias y joyerías, ha podido formar una eficiente organización criminal. "Siempre trabajó limpiamente, no causaba violencia", testifica Arcadio Ocampo Anguiano, El Xochi, a propósito del Carrizos. Trabajar "limpiamente" para El Xochi significa robar sin matar y nunca privar a la gente de sus instrumentos de trabajo. Los ladrones viejos aluden constantemente a un código de honor, una norma de conducta que los legitima transformando el delito en oficio. Sin embargo, más que el código de honor, es la inserción de las organizaciones criminales en el aparato oficial la que no solo los legitima, sino también los oficializa. El Carrizos cuenta cómo el agente Jorge Téllez Girón Ramírez le propuso un trato que consistía en detenerlo cada tres meses y quitarle todos los objetos hurtados que tuviera en su poder en ese momento, aunque después le devolvería una parte, y de esta manera, a su vez, Téllez Girón repartía el botín entre un número selecto de oficiales para lograr ascensos.

El Carrizos es uno de los ladrones más memorables de la década de los setenta. Su osadía llegó al punto de robar las casas de dos presidentes: Luis Echeverría Álvarez y José López Portillo. Tras el hurto de un cuantioso botín de joyas de la casa de Echeverría, además de lograr un gran ascenso al detener a El Carrizos, Téllez Girón le exigió al ladrón una renta fija. Como hemos visto en los casos de los gobernadores de Baja California y Chihuahua, quienes se valían de funcionarios de segundo orden y agentes de policía para proteger las actividades criminales a cambio de jugosas rentas, la incorporación de los delincuentes al orden gubernamental reproduce las formas de intervención del gobierno en los gremios obreros y campesinos. Aunque los ladrones dejan ver claramente esta relación corporativista con las autoridades, los agentes de la policía entrevistados dicen desconocer este tipo de acuerdos. El filme es un documento que, además de registrar el testimonio de los ladrones, nos deja ver cómo los policías identificaban a todos los delincuentes al grado de que hacían redadas para encerrarlos los días de grandes eventos cívicos a fin de reportar "saldo blanco".

Hemos observado cómo el punto de contacto entre grupos criminales y autoridades tiene muchas dificultades para documentarse. El historiador Luis Astorga habla de reservas de los informantes de las agencias norteamericanas para señalar los vínculos de las autoridades mexicanas con los criminales (2003: 12-13). José Alfredo Gómez Estrada también lamenta la escasez de pruebas sobre el enriquecimiento exacerbado del general Abelardo L. Rodríguez (2007: 113), pero explica ampliamente cómo este chantajeó a la prensa para aplacar los rumores de su patrocinio al narcotráfico, el contrabando y otras actividades del crimen organizado en Baja California (2007: 150-156). El gobernador de Chihuahua Rodrigo Quevedo llega al extremo del asesinato con el fin de desaparecer las evidencias que delataran su vínculo con organizaciones criminales, según nos refiere la historiadora Nicole Mottier (2009: 38). Las diferentes formas de censura que hemos mencionado en este capítulo persiguen el mismo fin: desaparecer el documento probatorio y toda historia ficcional o verídica que pudiera inculpar a los políticos de su involucramiento con actividades ilícitas.

La documentación del testimonio oral de *Los ladrones viejos* nos deja acceder a las declaraciones enunciadas por los propios protagonistas del corporativismo criminal. Se trata de un saber social sobre la criminalidad de los policías y la clase gobernante que se ha mantenido en los archivos orales, literarios y fílmicos a contracorriente del discurso oficial: podemos decir que la producción intelectual y artística y las posiciones políticas disidentes contra el aparato gubernamental que se han expresado principalmente en las décadas posteriores a 1968 suman los elementos de una gran querella contra el Estado. Frente a esta amplia reiteración querellante que entreteje los sentidos políticos –las significaciones– del disenso, el Estado mexicano niega reiteradamente el vínculo criminal. Sin embargo, los ladrones, cómplices a la fuerza, darán detalles puntuales de esta asociación delictuosa. La cinta convierte en documento las voces vivas de los que no tienen facultad oficial de producir el archivo institucional. En esa oralidad se dejan ver algunas interpretaciones del Estado que es necesario destacar a fin de entender el papel de la oralidad, la literatura, la historia y el cine en el conocimiento del Estado criminal. Entre ellas, las más extendidas son: *a)* entender que los criminales son protegidos por los policías, pues de otra manera el crimen no se explica en el contexto de un corporativismo totalizador; *b)* la certeza de que cualquier disidencia ante la voluntad del partido/gobierno constituye una causa de persecución letal. Estos dos saberes, más o menos censurados, más o menos debatidos en espacios restringidos, dan forma a una cultura del miedo constatable en las conductas sociales. El mayor es el miedo a la desaparición, acto que significa mucho más que un secuestro: es la expulsión del marco del derecho, la extirpación de lo político, la inminencia del homicidio que no contará siquiera con registro en los archivos oficiales. En este acto se reúnen las dos interpretaciones del Estado: los criminales incorporados como protegidos y tributarios de los gobernantes están comprometidos a ejercer a la vez la persecución y el exterminio de los disidentes, como la novela *Los errores* de Revueltas propone. Ahí, el personaje lumpen, el proxeneta El Muñeco, accede a asesinar a líderes comunistas para conseguir el dinero que le permitirá "salir adelante" (expresión que sintetiza la idea de escalamiento social o lo que vagamente significaría para los sectores marginados modernizarse).

Crímenes políticos y guerra sucia

En su lecho de muerte, Artemio Cruz no solamente despliega el periplo memorioso de su niñez, los años de la guerra, su ascenso a plutócrata; también lo encontramos atento a las consignas del presente de la narración, 1959. Su secretario lo visita y regresa con órdenes de Cruz para lidiar con la huelga de los ferrocarrileros, que está desenvolviéndose en ese mismo lapso. En segunda persona y en un tiempo verbal donde el ayer se narra en futuro, el fluir de la conciencia de Artemio Cruz detalla:

> Te trasladarás del aeropuerto a tu oficina y recorrerás una ciudad impregnada de gases mostaza, porque la policía acabará de disolver esa manifestación en la plaza del Caballito. Consultarás con tu jefe de redacción las cabezas de la primera plana, los editoriales y las caricaturas y te sentirás satisfecho. Recibirás la visita de tu socio norteamericano, le harás ver los peligros de estos mal llamados movimientos de depuración sindical. Después pasará a la oficina tu administrador Padilla, y te dirá que los indios andan agitando y tú, a través de Padilla, le mandarás decir al comisariado ejidal que los meta en cintura, que al fin para eso le pagas (Fuentes, 1972: 12).

Todos los movimientos invocados por el moribundo tienen que ver con un solo propósito: mantener las luchas sindical y campesina controladas a través de diversas estrategias que Cruz maneja gracias a la acumulación de poder. Controla la noticia de su periódico para poder difundir una imagen criminal y antipatriótica de los líderes ferrocarrileros. Trata con su socio norteamericano las medidas que se deben tomar para desarticular el movimiento de depuración sindical que Demetrio Vallejo y los principales líderes obreros han emprendido para contrarrestar la infiltración del gobierno en los gremios de trabajadores, a la vez que girará órdenes para bloquear la lucha campesina (aparentemente, la que en ese mismo tiempo encabezaba Rubén Jaramillo en Morelos).

La novela *El tren pasa primero*, de Elena Poniatowska (2005), se cruza con la de Carlos Fuentes al elegir el movimiento ferrocarrilero como eje de su historia. De nuevo, el uso de la ficción para desficcionalizar la narrativa del Estado/partido corporativista aparece aquí como proyecto estético. Mientras que Fuentes nos deja ver los entramados de la estrategia de los hombres de poder, sintetizados en la figura de Artemio Cruz, Poniatowska indaga en la intimidad del líder sindical Trinidad Pineda Chiñas (representación novelesca de Demetrio Vallejo). Artemio Cruz interviene desde su posición privilegiada la formación de brotes de resistencia democrática (la principal causa de los ferrocarrileros es la depuración sindical, esto es, la eliminación de la intervención del partido/gobierno/patrones en las organizaciones de los trabajadores). Los líderes del movimiento obrero de la novela de Poniatowska resisten con su estrategia sacrificial los embates de esta intervención, que se da por medio de los charros sindicales. El cuerpo de Trinidad es un receptáculo de torturas y huelgas de hambre, atentados y abusos de la autoridad. Vemos entonces confrontadas la política corporativista y la política sacrificial de los líderes comunistas. Es este choque el que constituye la gran épica de la Guerra Fría en México, como discutiremos más adelante.[1] En estos textos encontramos cómo los disidentes del partido, entre ellos líderes sindicales, estudiantes y académicos activistas, guerrilleros, artistas e intelectuales indepen- dientes, constituyen un martirologio de la izquierda nacional. Lo que me interesa subrayar en este contexto ampliamente evaluado en los debates públicos es el aspecto criminal del régimen del PRI, especialmente en el período denominado de la *guerra sucia*, entre las décadas de 1960 y 1980 (Doyle, 2003b).

La guerra sucia consiste en la criminalización de los disidentes políticos, quienes sufren secuestro, tortura y asesinato, lo que se sintetiza con el término *desaparición*. En diversos trabajos literarios, estos crímenes políticos suceden gracias al apoyo de las organizaciones incorporadas al partido y a las redes criminales. Los sindicatos son instrumentados para el sabotaje y el espionaje (como hemos visto en la censura de *El gesticulador* de Usigli y en el espionaje a través de infiltrados en el sindicato de ferrocarrileros en *El tren pasa primero* de Poniatowska); de igual forma, los gatilleros del hampa son de gran apoyo para eliminar a los rivales políticos, como se puede leer en *Los errores* de Revueltas. El partido ejerce su violencia política bajo una especie de normatividad alternativa centrada en las redes clientelares que el corporativismo le permite, las estrategias de cooptación e intercambio de favores que caracterizan a la estructura bonapartista que Trostki analiza en el régimen de Cárdenas. Los sindicatos y las organizaciones criminales se articulan en torno de los

....

[1]   Un gran número de narrativas que incluyen desde crónicas hasta novelas históricas se refieren al conflicto entre grupos de izquierda y el gobierno. Podemos mencionar la literatura sobre los conflictos estudiantiles de 1968 y 1971 como *Días de guardar* de Carlos Monsiváis (1971) y *Los días y los años* de Luis González de Alba (1971); sobre líderes comunistas perseguidos por gatilleros del hampa contratados por las autoridades, como en el caso de *Los errores* de José Revueltas (1964); sobre conflictos guerrilleros, donde destacan las novelas *Guerra en el paraíso* (1991) y *Las armas del alba* (2003) de Carlos Montemayor, y el tema de las huelgas, como el caso de *El tren pasa primero* de Poniatowska.

hombres de poder de la élite revolucionaria para eliminar a aquellos que amenacen su dominio (Aguilar Mora, 2000: 244).

La asociación de los criminales con los políticos del período posrevolucionario se sitúa en el lado oscuro de la historia del siglo XX, la historia del Estado en su aspecto criminal. La persecución de los disidentes no es nueva en la historia de México: se ha aplicado contra los diversos mártires y héroes populares, como se puede ver en la historiografía y la literatura desde la última parte del siglo XIX. Me interesa resaltar estas prácticas de dominación y resistencia como constitutivas de una cultura política, la definida por el revolucionario empresario que ejerce una ley alternativa y teje una red de apoyos corporativos, de clientelismo, en torno suyo, estableciendo así un sistema de represión contra toda expresión política que lo amenace. Enriquecimiento ilícito y criminalización de los enemigos políticos son los dos rasgos constantes de la clase gobernante mexicana.

Artemio Cruz es una figura que sintetiza este poder donde se conjugan el uniforme revolucionario, los intereses del gran capital y la maquinaria de la corrupción que va a desarrollar una economía donde lo lícito y lo ilícito no se distinguen. Quiero argumentar que la estructura bonapartista o corporativista, y el autoritarismo que la unanimidad coaccionada sostiene, abren el camino a un sistema de corrupción que tiene profundas consecuencias en la concepción de la ley, las formas de hacer política y los movimientos de la economía. Ya en los años del carrancismo (1914-1920), que coinciden con el comienzo de la prohibición de la heroína y la cocaína en los Estados Unidos (1914), encontramos a estos políticos que se enriquecen gracias a la excepcionalidad que el sistema les brinda. Artemio Cruz es más que un personaje de ficción, o mejor dicho, como gran parte de los personajes de ficción, es la representación de un *ethos* social: un modo de ser y proceder históricamente reconocible. De esta manera los personajes son representaciones de subjetividades que conjugan las contradicciones políticas.

El ciclo narrativo de la Revolución Mexicana y la literatura sobre la guerra sucia de los sesenta a los ochenta –principalmente sobre las masacres de estudiantes del 2 de octubre de 1968 y del 10 de junio de 1971– reiteran la interpretación del Estado como un aparato criminal. En la novela de la Revolución encontramos la transformación del bandidaje insurrecto en un aparato autoritario bajo el poder del revolucionario empresario, de la oligarquía posrevolucionaria que se asienta sobre la estructura corporativista. En las crónicas, los testimonios y las ficciones sobre las masacres de estudiantes y la desaparición de disidentes encontramos una asociación delictiva entre los sectores oficiales y el lumpenproletariado –el sujeto del crimen común que vemos en *Los ladrones viejos*– con el fin de cometer crímenes políticos. Son contratados como provocadores, porros (estudiantes al servicio de las autoridades), golpeadores; en suma, mercenarios en una lucha no contra el comunismo o las propuestas democráticas, sino en favor de preservar un orden autoritario: se trata de una violencia cuyo objetivo es la conservación del estado de cosas, un sistema preventivo de la disputa política. Es significativo que en 1968, en vez de responder a la demanda estudiantil de dialogar, el gobierno opte por una represión desproporcionada.

En su recuento de los hechos del 26 de julio de 1968 –el primer día de una escalada de actos de violencia contra los estudiantes que llevará a la masacre de Tlatelolco–, Carlos Monsiváis describe el trabajo de equipo de los provocadores y los policías: "Ostentosamente, los provocadores rompen los escaparates comerciales, saquean las joyerías. Se inician en toda la ciudad las detenciones de dirigentes estudiantiles y de miembros del Partido Comunista Mexicano" (1971: 217). Durante todo el movimiento estudiantil, los provocadores tienen el papel de cometer actos de vandalismo a la vez que de golpear a los estudiantes. Cuenta con la protección de la policía para robar los comercios, pues estos hechos serán atribuidos a los estudiantes en los juzgados y la prensa; en este sentido, son también actos de *performance* para sustentar la versión oficial de los hechos. Carlos Monsiváis ve en el resentimiento de clase un factor que impulsa la furia de los golpeadores: ellos vengan en los estudiantes su posición desventajosa y la falta de oportunidades (1971: 220). El cronista sugiere entonces que la oposición concreta, el contacto violento que se vive en las calles de 1968, lo ejerce el lumpenproletariado mercenario contra las juventudes politizadas de la clase media. La policía interviene estratégicamente so pretexto de controlar los actos de vandalismo o violencia de los criminales contratados. Sin embargo, en vez de detener a los criminales, detiene a los dirigentes estudiantiles.

La historia de la masacre del 2 de octubre se construye con dos versiones encontradas. La oficial: la policía interviene porque hubo un disparo de los estudiantes; y la que ofrecen los testimonios: la policía interviene tras el disparo de un provocador. La tensión entre estas dos versiones del evento se mantiene hasta la desclasificación de treinta documentos del National Security Archive de Washington, D. C., en 1998, cuando la versión oficial empieza a desplomarse (Doyle, 2003a). Podemos decir que un eje importante de los debates públicos posteriores a octubre de 1968 consiste en establecer la criminalidad del Estado priista con base en una minuciosa tarea de documentación. Como en el caso de la Revolución Mexicana, la esfera pública está saturada de historias no ficcionales. Proliferan el testimonio, la crónica, el documental, la autobiografía y la fotografía. La fruición por los archivos se orienta hacia un fin político: deslegitimar al Estado al demostrar su naturaleza criminal. Se trata finalmente de hacer patente el corporativismo criminal, de poner en evidencia un contrato de intercambio de favores entre delincuentes y autoridades.

En su novela autobiográfica *Los días y los años* (1971), Luis González de Alba –uno de los líderes estudiantiles encarcelados la noche del 2 de octubre– narra así lo sucedido la madrugada del primero de enero de 1970, cuando los custodios abrieron las rejas de las crujías de los ladrones y homicidas para que saquearan y golpearan a los presos políticos en la cárcel de Lecumberri:

> Raúl todavía trataba de echar pasador cuando ya los teníamos enfrente. Empezamos a tirarles botellas, los únicos proyectiles con que contábamos. Todos hubiéramos sacado fuerzas del hambre, pero desde lo alto de nuestro propio patio, a nuestras espaldas, la vigilancia empezó a disparar. Algunos pudieran pensar que trataban de contener a los atacantes, pero no era así. Disparaban contra nosotros para dispersarnos y permitir la entrada a la turba que habían soltado con la promesa de un buen botín (1971: 11).

Se trata de nuevo del uso de la fuerza lumpenproletaria y de su acción criminal (robar y golpear bajo la incitación de las autoridades) con el fin de desactivar las acciones políticas de los disidentes del Estado. Los presos políticos cumplen una huelga de hambre encabezada por José Revueltas "para protestar porque sus procesos judiciales estaban empantanados" (Volpi, 1998: 405). La resistencia de los presos políticos se dirige a llamar la atención de la opinión pública sobre la desatención legal del gobierno. Es un recurso que hemos visto ampliamente descrito en *El tren pasa primero*, donde Trinidad presiona al gobierno con una huelga de hambre emprendida por un hecho semejante al de los presos de González de Alba: no encontrar respuesta de la autoridad sobre la razón de su aprehensión (Poniatowska, 2005: 297-303). Ambas huelgas de hambre demandan que se aplique un proceso judicial, esto es, que las autoridades actúen con legalidad. En ambos casos, la lucha por la democratización del país se convierte en exigencia de la aplicación de la ley, de donde se deduce una correspondencia entre Estado corporativista (que se resiste a las posibilidades democráticas con la fuerza del consenso coaccionado) y Estado de excepción, que aquí entendemos como el Estado que resuelve no poner en efecto la ley que lo ha constituido.

La actuación criminal del Estado durante la guerra sucia se sustenta en esta correspondencia.

Las fuerzas criminales no solo son necesarias para ejercer el castigo y la disuasión contra la resistencia política, sino también forman parte de una estrategia de dramatización de crímenes inexistentes, imaginarios, que serían imputables a los disidentes, mediante el uso de provocadores e infiltrados. Este entramado consiste en la diseminación de una ficción política que permita la represión, la cual requiere la participación de fuerzas mercenarias en distintos ámbitos. Jacinto Rodríguez Munguía, en su análisis del conflicto estudiantil del 68, las identifica de esta manera: "[...] la provocación del Cuerpo de Granaderos, la participación de dirigentes porros en el conflicto –que no simples golpeadores– y la intervención de las pandillas convirtieron lo que parecía un conflicto intrascendente en el acuse de recibo de una secuencia de historias que nadie podría contener" (2008: 24). Rodríguez Munguía sostiene que los acontecimientos que desembocaron en la masacre de Tlatelolco fueron provocados por porros, pandilleros y policías que actuaron coordinadamente. Si fue provocado, estamos hablando de una teatralización de la represión; es decir, se ha inventado todo un movimiento con el fin de reprimirlo ejemplarmente. Esto nos lleva a entender que la represión tiene un fin en sí misma. Los porros se identifican como estudiantes, generalmente *fósiles* (que permanecen inscritos en la escuela durante años debido a su bajo rendimiento académico), que funcionan como agitadores contra los líderes estudiantiles críticos del gobierno y que constituyen asociaciones en las escuelas apoyadas por las autoridades; esto es, son agentes de infiltración de los gobernantes en los espacios académicos.

Para el aparato gubernamental era prioritario demostrar que la represión contra los estudiantes tenía una razón imperiosa, de emergencia nacional: desarticular una conjura internacional contra el gobierno mexicano que, como lo decide "la verdad histórica" establecida en la Cámara de Diputados el 5 de octubre de 1968, era "producto de una maniobra contra México y sus instituciones legítimas; una acción subversiva [que] ha utilizado grupos de estudiantes, sin que estos tengan conciencia cabal del peligro que entraña su actitud" (cit. en Volpi, 1998: 340). Las resonancias de la Guerra Fría, con su intrincado andamiaje de conspiraciones y consignas secretas, son difíciles de pasar por alto. Pero ni la supuesta conjura bolchevique de desestabilizar al Estado mexicano, ni las órdenes de la CIA para establecer una guerra sucia –como sucedió en los años setenta en varios países latinoamericanos bajo la denominada Operación Cóndor– han tenido manera de demostrarse. Hasta ahora, lo único que podemos afirmar al respecto es que dichas conspiraciones fueron un recurso imaginario, un fruto de la mendacidad que obedece a fines políticos ajenos a las intrigas internacionales. Los documentos norteamericanos de política exterior referidos al movimiento estudiantil –que fueron desclasificados en 1998 a solicitud del Congreso mexicano– no dejan lugar a dudas. El 5 de octubre de 1968, el asesor de Seguridad Nacional le comunica al presidente Lyndon B. Johnson: "Me preguntó usted hasta qué punto la Cuba comunista y otros grupos extranjeros estuvieron involucrados en los motines mexicanos de esta semana. El análisis de la CIA adjunto concluye que las protestas estudiantiles fueron detonadas por políticas internas, no planeadas por cubanos o soviéticos" (cit. en Montemayor, 2010: 41).

Carlos Montemayor sostiene que la teoría de la conspiración diseminada en torno al movimiento estudiantil oculta una lucha interna entre los propios integrantes del partido oficial y que tuvo el objetivo de desacreditar a los contrincantes políticos que pudieran ser seleccionados como candidatos a la Presidencia en las elecciones de 1970 (2010: 40).

El espejismo de los archivos

La idea de *nación moderna* que sustenta los gestos políticos del régimen priista impone una necesidad de orden y crecimiento, de control de las colectividades y de la promoción de una ansiedad identitaria nacionalista que se presentan como el bien común. Se trata de un discurso que tras la tragedia del 68 a pocos convence. Esta falsedad tácita no sería más que solo teatro de la vida pública, si no fuera además una ficción impuesta mediante una guerra sucia. José Revueltas llama *autoarquía ideológica* a este "preservarnos, defendernos, evadirnos del conocimiento de la verdad" (1983: 27). Por ello se refunde en la categoría de lo *antinacional* a toda disidencia que señale la verdad antidemocrática e ilegítima del régimen priista. Tal disidencia protagoniza la crisis temida de la barbarie que los periódicos de la época no cesan de describir.

No se puede afirmar que esta voluntad autoritaria tuvo éxito en eliminar los discursos que amenazaban su hegemonía. La historia del pensamiento y la literatura del siglo xx están llenas de fisuras, de voces y de representaciones que han puesto en duda la ficción estatal. Como en los casos de censura de *La sombra del caudillo* y de *El gesticulador*, el control del Estado criminaliza la crítica y la disidencia de una manera selectiva, estratégica, pues queda claro que su interés es más pragmático que ideológico. En su comparación entre el Estado soviético y el priista, Octavio Paz subraya esta diferencia: "[…] aunque México no es realmente una democracia tampoco es una ideocracia totalitaria" (1979: 91). Para Paz, esta diferencia nos previene de considerar al régimen del PRI como un totalitarismo, pero debemos insistir en los elementos estructurales de excepcionalismo y ausencia de democracia que hacen de este, si no un Estado totalitario al modo soviético o fascista, sí un Estado criminal. Es la guerra sucia, el conjunto de crímenes políticos de la segunda mitad del siglo xx, la que así lo define. En esta guerra sucia hemos de lidiar con dos corrientes de criminalización que se confrontan:

por una parte, el pensamiento crítico ha de considerarse un crimen de disidencia contra el bien colectivo, la nación corporativizada, y por otra, el aparato (para)estatal comete un crimen de persecución extralegal contra la disidencia. Es en esta relación simétrica donde encontramos las dificultades de establecer un marco definitorio de lo criminal. El disidente y su perseguidor terminan caracterizándose como criminales en su mutua descalificación. Entre ambos sujetos políticos, una tipología emerge como instrumento del terror, una disrupción de la práctica discursiva de la crítica y la contracrítica: el policía secreto, el pistolero, el golpeador, que armados de excepcionalidad no solo han de encargarse de corregir, castigar, intimidar o disuadir a la disidencia, sino que además cuentan con impunidad para realizar ilícitos del fuero común.

En este sistema de múltiples líneas de actividad criminal se van estableciendo, por la fuerza de la costumbre, por el miedo a ser considerado un perseguible del régimen (el miedo a ser el otro de la nación), una especie de decálogo consuetudinario que rige las conductas cotidianas del régimen priista. De nuevo, debemos recurrir al saber etnográfico para entender las formas de normatividad subterráneas que organizan la vida social. Esto nos lleva a afirmar que ni la letra de la ley ni el discurso de la simulación revolucionaria enuncian el mandato de las normas con que se rige la colectividad. Estamos hablando de una serie de códigos concebidos desde el miedo y que incluyen la autocensura de los medios, las manifestaciones teatralizadas de pasión revolucionaria de las corporaciones y un complejo catálogo de simulaciones que constituyen las conductas cotidianas. Es difícil encontrar la base moral de tal experiencia social de falsificaciones. Según Paz, este deber social procede según la lógica patrimonialista, por la que el intercambio de favores, el cohecho, pero también la adulación y la compra de voluntades son conductas esperadas, porque son parte de una moral de la corrupción aceptada como sistema (1979: 98-99). Quienes critiquen o se resistan a estas formas clientelares de conformidad quedan estigmatizados como enemigos públicos que hacen daño a la nación, o por lo menos son aislados bajo sospecha en sus respectivos gremios. El corporativismo priista implica entonces una moral basada en un sistema de consejas para perpetuar el excepcionalismo. No hablar de política se convirtió en buena costumbre y definió escuelas estéticas, protocolos, normas editoriales y consignas generales para todos los medios masivos. No se trata de una censura abierta, sino de un método de control que sin establecer la censura sobre la actividad intelectual –que ha sido por norma disidente desde 1968– logra circunscribir los espacios críticos a la clase lectora. Digamos que el sector intelectual (y universitario) logró paulatinamente inmunidad a la criminalización por parte del sistema, aunque siempre fue celosamente sometido a escrutinio.

La burocracia del espionaje procede mediante cruces de miradas que vigilan lo que otros vigilan, que se asoman a ver los alcances de lo que otros saben. *Los informes secretos*, novela de Carlos Montemayor (1999), se compone de una serie de reportes policiales del espionaje al que es sometido un historiador y diplomático que investiga las infiltraciones de la policía en los partidos de oposición desde los años posteriores al régimen de Lázaro Cárdenas. Con estos eslabones de informes semicifrados la novela logra cartografiar las acciones policiales, militares y guerrilleras; sus traslados, redes de contacto y conspiraciones, y las obsesiones por encontrar algún síntoma de conjura, de contacto sospechoso, de factores problemáticos, de posible infiltración, de espionaje interno y externo. La novela cubre el año de 1995, en el que el agente espía al historiador. Se trata de un operativo para descubrir puntos de enlace entre diversos personajes con quienes el "objetivo", el académico, tiene relación: funcionarios de la Secretaría de Gobernación y de la Cancillería, viejos comunistas, líderes de los movimientos campesinos, otros académicos. El historiador, por su parte, está revisando informes policiales escritos por agentes infiltrados en los partidos de oposición desde los cuarenta hasta las guerrillas de los setenta; pero además tiene contacto con líderes indígenas que forman parte de la base de apoyo a la rebelión zapatista de Chiapas en el presente de la narración, los noventa.

El sistema político mexicano depende de la minuciosa red de espías e infiltrados que reportan incesantemente a los políticos detalles de todas las organizaciones sociales. Un amplio grupo de informantes se afilia a los partidos de izquierda no solo para mantener fiscalizados todos sus movimientos sino para propiciar desde dentro su división y debilitamiento. Pero no existe solamente una línea de infiltración del gobierno en los partidos de oposición; también existe de la KGB soviética en los militantes comunistas, y de estos entre sus propios compañeros, hasta formar una gran red de desconfianzas, paranoias, acciones clandestinas y, finalmente, la inmovilización total. La historia política del siglo XX habría de entenderse como un amplio archivo de registros de espionajes que funcionan asimismo para producir nuevos acontecimientos políticos sujetos a nuevos espionajes. El archivo secreto produce entonces otros archivos paralelos de contraespionaje. El archivo secreto, además, produce eventos. *Los informes secretos* habla de cuatro masacres desde la perspectiva de los policías infiltrados: la de obreros independientes en mayo de 1952, la de henriquistas tras el fraude electoral contra el candidato opositor Manuel Henríquez Guzmán en julio 1952, la de estudiantes en octubre de 1968 y la de campesinos en Aguas Blancas, Guerrero, en junio de 1995. La novela es una crónica de la guerra sucia contra los disidentes políticos desde los cincuenta, a la vez que un despliegue de documentos, la materia bruta del historiador, que incluye los textos que forman parte de su informe. En este sentido, la novela se presenta no en la forma de narrativa histórica sino en la de un archivo de archivos, la base de datos destinada a servir a los intereses políticos del funcionario que dispondrá de ellos. Pero los lectores de la novela de Montemayor tendremos también una lectura política. Nos documenta a nosotros, no tanto los hechos del dominio público, que pertenecen finalmente a la historia de la resistencia en México, sino los entretelones del archivo que alimenta a la burocracia priista.

Conocer información privilegiada no solamente provee al agente de poder sobre los demás, también se constituye en un rasgo definitorio de su identidad. "Llegamos a ser lo que vale la información de que poseemos" (Montemayor, 1999: 247), dice el autor ficticio de estos informes, y con ello describe una ontología que se concreta muchas veces en un desenlace fatal: la eliminación de alguien por el hecho de tener una información. La ontología que equipara el ser a la información que se posee adquiere aquí significación política: cada sistema de espionaje se traduce en una fuerza equivalente a la cantidad de información obtenida, y por lo tanto, interrumpir el flujo de comunicación constituye un golpe para los rivales; esto incluye desde la quema de archivos, la censura y la confusión con la creación de datos falsos, hasta la ejecución de los que portan la información, los archivos humanos.

Al final de la novela nos damos cuenta de que el funcionario que encargó el seguimiento del académico no tenía como objetivo una investigación sobre los posibles levantamientos indígenas que sucederían al del EZLN, sino su propia protección contra los que pudieran tener información sobre él. Expresa el agente:

Sabemos ahora que no le interesa a usted conocer los posibles nexos del objetivo con grupos clandestinos sino sus posibles nexos con grupos políticos. También, que se propuso mediante nuestro equipo borrar algunos de sus propios rastros y descubrir en qué medida podrían detectarlo a usted equipos de inteligencia de otros grupos políticos (Montemayor, 1999: 246).

Los componentes del discurso oficial durante la Guerra Fría terminan por desengañarse –la pretendida misión antiguerrillera, la salvaguarda del interés nacional (o de la oligarquía nacional), la pacificación o la desarticulación de una posible revolución y las presiones internacionales–. El archivo de los informes secretos se compone de maquillajes, mutilaciones, borraduras de huellas, más que de datos útiles para la acción estratégica del Estado. El agente se queja de que las contraórdenes del funcionario dieron lugar a perder un enlace que podría llevar a completar el informe. A esto lo llama *fractura de información*, y lo contrasta con la continuidad que mantienen los grupos clandestinos:

> [...] los grupos clandestinos indígenas o no son una acción subterránea que sigue viviendo sin fractura. En esos corredores ha habido recambios generacionales, pero no pérdida de memoria. Ellos nos ven; nosotros somos incapaces de identificarlos a tiempo. Su memoria viene de muchos años atrás y la nuestra se ha interrumpido en varios aspectos (Montemayor, 1999: 240).

El agente está produciendo información para su jefe y solo se enfocará en aquellos datos que este le pida extraer, e incluso deberá abstenerse de espiar a sujetos que le ordene ignorar. El agente se expresa continuamente preocupado porque sabe que es investigado por otros agentes. La estrategia del gobierno termina en fracaso: "Chiapas es, en costos sociales, ejemplo de un error en seguridad nacional, no de un acierto" (Montemayor, 1999: 244). Es interesante ver cómo en las entrevistas que realiza el historiador a viejos militantes comunistas, y que el agente ha extraído y transcrito, ellos también dicen que el Partido Comunista y la URSS fracasaron, pues el partido cometió graves errores, en concordancia con el análisis hecho por José Revueltas en sus novelas y ensayos, que le costaron expulsiones y anatemas. Todos deben su fracaso a la misma estructura de espionaje y contraespionaje: los archivos secretos son armas de autoaniquilamiento. Lo que pervive, en clara nota utópica del anarquismo vernáculo, son los archivos humanos (Montemayor, 1999: 244). La confusión entre fuerzas criminales y fuerzas del orden que analizamos en el capítulo anterior se reedita en el siglo xx. Ahí también vemos circular a los sujetos de las fuerzas oficiales, a las fuerzas paramilitares, a las fuerzas rebeldes y a las organizaciones criminales, indistintamente; ellos llevan consigo información a las bases enemigas y se convierten en objetivo prioritario por su condición de archivo humano. En los reportes sobre el desmantelamiento del grupo Comandos Rojos de Liberación Nacional, la novela esboza los movimientos de grupos armados:

> El 8 de diciembre de 1993, en una acción llamada *Operación Tezonapa*, fueron eliminados tres de sus fundadores (por cierto, desertores del ejército): además de armas de alto poder, se les incautó un importante cargamento de droga. Grupos guerrilleros con intereses en el narcotráfico es una primera hipótesis. Una segunda sería que surgieran grupos armados infiltrados; en este caso actuarían por intereses de grupos de poder político o local o para justificar una ofensiva militar en regiones enteras (Montemayor, 1999: 245).

Tal proliferación de grupos e intereses deja ver cómo diversos sistemas de espionaje e infiltración se entrecruzan.

La infiltración es un proceso que se logra gracias a estrategias histriónicas y a una vasta red de cruces de información. Carlos Montemayor nos deja ver algunas líneas de espionaje que operan en el país desde los tiempos en que se consolida el aparato corporativo del partido de la Revolución. Por una parte, la Comintern, a través de sus agentes de la KGB diseminados en el servicio diplomático y los partidos de izquierda, tiene objetivos diversos, entre ellos asesinar a los perseguidos políticos de Stalin, como León Trotski. Por otra parte, la policía mexicana tiene agentes infiltrados en el Partido Comunista, quienes informan sobre las acciones emprendidas por este partido para detectarlos a ellos mismos. Los espectros de la Gestapo (desde 1934) y la CIA (desde 1947) se asoman en algunos momentos. La infiltración tiene varios propósitos: conocer los planes del enemigo contra los intereses que el policía protege, provocar divisiones, sembrar confusión, levantar falsas acusaciones. En la transcripción de una entrevista del historiador con un hombre identificado como El Comunista se refieren las calumnias que han de dañar prestigios y filiaciones, como el caso del exiliado dominicano Gustavo Patiño, quien fue acusado de ser policía infiltrado en el Partido Comunista; más tarde, cuando esto fue desmentido, ya había sido expulsado y repudiado por su propia familia (Montemayor, 2010: 151).

De la observación pasiva a la insidia, las prácticas de espionaje e infiltración de la extinta Dirección Federal de Seguridad (DFS) la describen como un Big Brother que vigila y controla las conductas sociales con la instrumentación de un miedo generalizado con base en su amplia penetración en acecho de todos los sectores de la población. Jacinto Rodríguez Munguía describe así esta omnipresencia:

> Los agentes de la DFS estaban dispersos por toda la ciudad y por todo el país. Hasta en los lugares menos poblados había un ciudadano convertido en agente-espía, que a cambio de proveer información, recibía un salario mínimo; casi nada, porque su mejor pago era conservar su calidad de agente policiaco. Les abría puertas y era llave de otra forma de poder, de absoluta impunidad (2008: 25-26).

El miedo al escrutinio de la DFS también es miedo a su impunidad. Además de conocer los ires y venires de los ciudadanos, sus agentes poseían la llave de un poder para enriquecerse criminalmente y entrar de lleno al plano de los hombres de mando mediante el uso discrecional de los medios de represión. La imagen de la masculinidad más poderosa será entonces la del que se aposenta por encima de la ley. En este personaje, lo político y lo criminal son la misma cosa: poder supremacista, sinónimo de impunidad plena. El panorama que se abre es el de una sociedad inmovilizada por el espionaje y la criminalidad de la clase mercenaria. El paramilitarismo que hemos visto desde tiempos de los bandidos insurrectos y las guardias blancas –que abordamos en el capítulo anterior– se ha transformado hacia los noventa en una burocracia del espionaje y un tipo de paramilitarismo que por la amplia impunidad de la que goza se convierte en autofinanciable. Entendemos este paramilitarismo como un contrato simbólico por el cual se instaura el proyecto perverso del incumplimiento de la ley como condición necesaria del Estado criminal. El arribo del lumpenproletariado al goce del excepcionalismo deriva en que la extrapolación derecha capitalista-izquierda socialista pierde vigencia paulatinamente para relocalizar el discurso crítico de lleno frente a la precariedad de lo político.

El acervo de documentos sobre la guerra sucia en México, que incluye obras literarias, fílmicas, historiográficas y visuales, parece llevar a cabo un proyecto que la inercia de la necesidad representacional fue definiendo: desficcionalizar, sacar de su elaborada simulación el discurso de la hegemonía priista. Son evidencias de la ilegitimidad del Estado revolucionario. En este proyecto de desficcionalización, la imagen del poder se asocia con un mentir que oculta la base criminal de su dominación; por ello, las representaciones literarias y visuales se conciben como un acto retórico obsesionado por la veracidad. Escribir es un acto de descubrir, de abrir el foro al testimonio, de desarmar las tramas de la simulación. El Estado mexicano regatea la exhibición de las evidencias, y el sistema de justicia –hasta la fecha en que estoy escribiendo (2014)– no ha perseguido decididamente los delitos de la guerra sucia. En este sentido, la exhibición de pruebas de este archivo de la guerra sucia sigue siendo un acto político. De ahí que los objetos culturales que se cubren de mayor valor simbólico sean los que han sido censurados: documentos e imágenes que permanecieron clasificados, películas que fueron exhibidas en espacios restringidos, etcétera. *El Memorial del 68*, exhibido en la Plaza de las Tres Culturas, muestra fotografías que desmienten las declaraciones con que las autoridades trataron de eximirse de la responsabilidad de la matanza. El documental *10 de junio, crimen de Estado* (2003), de

Carolina Verduzco, presenta las grabaciones que delatan la coordinación de los policías con los grupos de choque (los Halcones) en la masacre de estudiantes del Jueves de Corpus de 1971. La querella pública está en vigencia. Aunque se cuenta con archivos llenos de evidencias, no se ha emitido sentencia judicial que los potencie. La capacidad del Estado para establecer la verdad como base de la impartición de justicia se ha esfumado en un complejo laberinto de argucias legales. Tenemos un desencuentro tenso entre dos polos del poder: el que se establece por el saber, que deslegitima al Estado, y el que se establece por el uso y la administración del secreto. Poder decir frente a poder disimular, poder criticar frente a poder justificar, poder documentar frente a poder desestimar los archivos. La asociación foucaultiana saber-poder no caracteriza aquí al polo hegemónico sino al contrahegemónico, esa fuerza de desestabilización del poder político sin el cual el lento proceso de democratización de México sería incomprensible.

Hemos de entender la producción del saber crítico como el ejercicio de una moral expresada como el valor de decir la verdad, el bien simbólico social que desafía a las instancias represoras. Mientras el poder gubernamental hace uso de la ley, la adecua o la tergiversa con el fin de criminalizar a sus críticos, la moral crítica opone su intervención ilustrada, cuya posesión del documento la faculta para señalar los actos oficiales como violaciones de los derechos humanos y crímenes contra la humanidad. La definición del Estado criminal se basa en las formas de comprensión moral de la historia política. Lo moral es histórico; lo moral es una disputa continua más que la reproducción de paradigmas establecidos en un espacio abstraído de las circunstancias específicas. Para determinar lo criminal habremos, entonces, que partir del estado de conciencia frente a la contingencia social. El modelo sartreano de la moral como respuesta a lo contingente, que Badiou ha interpretado como el plano de lo específico, es el que, en efecto, parece mantenerse en el quehacer crítico del campo intelectual mexicano.

3

Ficción y verdad del Estado: narrativas de la economía criminal

....

UNA DE LAS AGENDAS CENTRALES de las narrativas literarias y fílmicas mexicanas que desde los ochenta representan historias criminales es deslegitimar las instituciones del Estado. No proponen, sin embargo, una derogación del Estado, sino el análisis de sus instituciones como un sistema criminal. La crítica se enfoca, entonces, en la descomposición de la estructura oficial en la medida en que varios personajes de historias criminales son también parte del aparato gubernamental, lo que pone en duda la efectividad del Estado. El vínculo entre representantes del gobierno y los grupos criminales establece un sistema de impunidad e inseguridad, lo que ha de entenderse, más que como una falla del Estado, como un sistema político y económico que se vale de la violación de la ley para constituirse. No necesariamente quiere decir que en las representaciones del crimen en México exista una intención definida de promover una cultura de resistencia frente al Estado entre los escritores y realizadores de cine, ni que el público las haya considerado explícitamente proclamaciones de algún programa político. Lo político toma lugar en una zona subrepticia de la representación, ahí donde el criminal llega a interpretarse como héroe frente a la deslegitimación de las instituciones, o bien donde actúa como villano asociado a las fuerzas oficiales: ya sea por seducción o por aversión, la representación del héroe en estas narrativas se determina políticamente. La propia materia emotiva que sustenta el contenido de las obras literarias y fílmicas termina por establecer un conjunto de inercias que se consolidan finalmente como la lógica de representación de lo social: el Estado es enemigo de la ciudadanía, y en las cortes internacionales es acusado de violaciones a los derechos humanos y del deterioro del contrato social. En este sentido, el humor negro y la insistente sentimentalización melodramática –que para una crítica esteticista es un mero producto comercial de consumo masivo, sin más intencionalidad que el entretenimiento– resultan ser, de acuerdo con nuestro análisis, formas de diseminación de simpatías y renuencias que van a incidir en las políticas cotidianas, o como queramos referirnos a las visiones de la realidad social comúnmente aceptadas. Mi argumento central en este capítulo es que en estas narrativas el Estado rige los intereses de los negocios ilícitos, y que en esta operación corrupta que lo define como *criminal* termina por violar los derechos básicos de la población. La maquinaria político-criminal impone una forma de gobierno basada en la violación de los derechos humanos y las garantías individuales.

Las narrativas literarias del crimen presentan como factores comunes la obsolescencia de la institución policial y la constante exigencia de los derechos humanos como motivo narrativo: ambos corresponden a una política del miedo más que a una política de reivindicación de los marginados y los desposeídos (que caracterizó a las posiciones de izquierda durante el siglo xx), lo cual acusa un cambio en el discurso y los objetivos de la resistencia desde los noventa (Reguillo, 2000: 190-191). Esta política del miedo fundada en el debilitamiento del Estado destaca como elemento central en el discurso político en torno a la violencia desde el fin de la Guerra Fría. Como Hugo Benavides ha propuesto en su análisis del melodrama latinoamericano, el Estado fallido produce una ansiedad o "deseo colonial", entendido como "una forma particular de aspiración, incluso una nostalgia que se define tanto por su falla característica (no ser tan bueno como otros en términos raciales o culturales), como por la constante comparación con el otro" (Benavides, 2008: 7). Entendemos entonces el Estado fallido como un orden social en crisis permanente. No verse a sí mismos en un Estado de derecho y seguridad es no ser "tan bueno como otros". Es no tener derecho a un Estado como lo tienen otros. La ansiedad colonial de Benavides nos sitúa en la noción de derechos humanos como derechos que no protegen a todos los seres humanos. No ser "tan buenos como otros" ha de entenderse como no gozar el bien al que todos los seres humanos tienen derecho. Tener o no tener un Estado de derecho marca la diferencia entre vivir del lado humano y vivir del lado de lo no tratado como humano. Es, por lo tanto, una marca fronteriza. La carencia de derechos define a un Estado criminal. La literatura y el cine mexicanos de las últimas décadas del siglo XX centran su crítica en el debilitamiento del Estado como fuente de la inseguridad. La reestructuración neoliberal del Estado y la economía, al desregular amplios sectores de esta también beneficia a los negocios criminales en la medida en que estos son propiciados y tolerados por las políticas económicas impulsadas desde el Consenso de Washington.

Si entendemos las ficciones sobre la violencia en México como intentos de dar significación a la realidad política y social, estamos ante objetos que tratan de estructurar nuestras formas de comprender y simbolizar los eventos violentos. Esto es, al ser producto de consumo masivo, terminan siendo narrativas que se ritualizan al punto que organizan nuestra percepción de la realidad social. Al respecto, concuerdo con Jesús Martín-Barbero cuando afirma que la pantalla de televisión (y para nuestro caso, la literatura y el cine) describe nuestra imagen de lo real, lo que en ella vemos es lo que entendemos como la sociedad violenta (2002: 27). Esto no quiere decir que comparta la idea promovida en el discurso oficial de que la violencia en México es un asunto de mera percepción; muy por el contrario, concuerdo con que ha habido suficientes elementos para declarar un estado de emergencia humanitaria en diversos puntos del país, como en los estados de Chihuahua, Coahuila, Tamaulipas, Veracruz, Michoacán, Guerrero, Durango y Sinaloa.

En las narrativas criminales, la ley se convierte en instrumento de opresión; la venganza y la autodefensa en acciones legítimas, y el Estado en una estructura enemiga de los ciudadanos. En estas historias, la ciudadanía se concibe como una colectividad en vilo, siempre amenazada de sufrir alguna victimización; en suma, lo que Susana Rotker (2002) llamó *la ciudadanía del miedo*. Los diferentes géneros del cine popular mexicano que aborda este capítulo (*tortilla western*, humor negro e intriga policial) nos llevan a establecer una especie de democracia de la desobediencia a la ley, por la que voluntaria o involuntariamente las narrativas sobre lo criminal en México se convierten en *performance* de resistencia ante las estructuras de poder.

En la novela detectivesca es común encontrar que la culminación de la trama no es el castigo de los criminales, o en todo caso su castigo es circunstancial y no ejercido desde la institución judicial. La ley, por lo tanto, no tiene manera de aplicarse, y entonces los delitos adquieren un estatuto de actos permitidos, asimilados como prácticas del poder económico y coercitivo que ordenan los comportamientos sociales. No hay, entonces, forma de que la ley tenga efecto en los acontecimientos, por lo que el narrador detective llega solamente a esclarecer la verdad como resultado de sus investigaciones. En este rubro pueden incluirse las novelas de Gabriel Trujillo Muñoz y Ricardo Guzmán Wolffer, así como las películas *Todo el poder* (1999) y *Conejo en la luna* (2004).

Además de la literatura de género detectivesco, las narrativas criminales incluyen las que denominamos *neocostumbristas*, por estar narradas desde la cotidianidad de personajes que han sido testigos o participantes de los hechos violentos. Las narrativas de Rosina Conde, Élmer Mendoza, Arminé Arjona y Daniel Sada, y obras fílmicas como *El criminal* (1985) y *El infierno* (2010) formarían parte de este rubro. Ante la evidencia del control de la información y la tergiversación de los hechos por los voceros oficiales, que a lo mucho se perciben como ficciones sin valor decorativo, la oralidad adquiere un estatus de veracidad. En esta literatura se estipulan por lo menos dos cancelaciones: la del Estado como eje de control social, e incluso como detentador de la fuerza coercitiva, y la de la ley, como institución que protege a la ciudadanía y garantiza una racionalidad de la vida social.

De estas representaciones podemos destacar cuatro hipótesis que conciernen a las intersecciones entre las políticas económicas neoliberales –la forma de Estado que estas imponen– y la cultura del crimen organizado: *a)* las representaciones de las organizaciones criminales despliegan una épica del terror con la cual se narrativizan desde una perspectiva heroica y catastrofista los hechos de violencia relacionados con lo criminal; *b)* la economía y la política criminal de finales del siglo XX y los primeros años del XXI se desarrollan mediante una amplia interrelación de los grupos criminales con las autoridades; *c)* la ciudadanía participa cada vez de manera más amplia en las actividades criminales, y *d)* el crimen organizado ha desarrollado una estructura eficiente y profesionalizada con el objetivo de mantener una amplia injerencia en la economía global.

En este capítulo, mi interés es destacar una evolución en las formas de representación del crimen organizado de los ochenta a los primeros años del siglo XXI. Me enfoco en los contenidos socio-culturales y políticos que nos llevan a esbozar una trama de luchas de poder y de intervenciones de los diversos actores sociales en las narrativas de lo criminal.

Paisaje social del **tortilla western**

En el artículo "Cine de narcos: capos en búsqueda de la inmortalidad", publicado el 14 de septiembre de 2009 en la revista *Proceso*, Juan Pablo Proal menciona un breve encuentro entre el narcotraficante Rafael Caro Quintero y los hermanos Mario y Fernando Almada en los años ochenta, durante un concierto en el que el legendario capo sinaloense les ofreció a las estrellas del cine de narcos financiar algunas de sus películas. De acuerdo con Proal, los actores rechazaron la oferta. Este episodio, observa el periodista, "es un ejemplo de la relación que sostuvieron los capos de las décadas de los setenta y ochenta con los realizadores del entonces llamado 'cine de narcos'". Si los narcotraficantes querían ser inmortalizados en películas y corridos, estamos hablando de la producción de objetos simbólicos en los que, además de la vanagloria heroica que representan, podemos encontrar una especie de foro social –aunque este se vea limitado a la categoría de *homevideo* o películas que nunca llegan a las salas–, donde se pueden cifrar significaciones políticas de las actividades criminales. Pese a su limitada forma de distribución, este grupo de películas circula ampliamente, y aunque en muchos sentidos puede cuestionarse su calidad estética, será difícil negar su eficacia como *performance* cotidiano, sobre todo si consideramos que el amplio número de películas de narcos indica en sí mismo una ritualización o reiteración de elementos culturales mediante los cuales el público (en general, de extracción popular) elabora sus juicios políticos y con ello establece sus figuras heroicas. Esta perspectiva ritual de la producción de películas de baja inversión y pobre calidad estética es, sin embargo, rica en sugerencias en lo que respecta a la comprensión popular de los fenómenos sociales que abarca el término *crimen organizado*.

Si por *épica* entendemos una narración heroica y fundacional de la cual se desprenden valores colectivos, hablar de *épica del crimen organizado* significaría dar valor positivo a los instrumentos de destrucción, reiterando la idea de Engels de la violencia como partera de la historia. El término *heroico* nos remite a los narcocorridos. La figura del capo se ha instaurado en ellos, si no como un modelo, sí como una imagen de poder, capaz de establecer un dominio, unas reglas y una serie de oportunidades que suplen las que el Estado democrático liberal no ha podido ofrecer. Las narrativas referidas a estos personajes describen la imagen del buen bandido. El capo ha llegado a sustituir al Estado benefactor establecido por la Revolución, al que años de corrupción y neoliberalismo han desarticulado casi por completo. En este sentido, la narrativa del capo protector alcanza un valor legitimador en el que la presencia del crimen organizado sería consecuencia directa de la erosión del Estado patrimonial, en tanto que es una forma emergente y extraestatal de organización y dominación.

¿En qué sentido podemos considerar al crimen organizado como un agente político en México? Una revisión de la película *El criminal*, dirigida por Fernando Durán (1985), nos deja ver los mecanismos con que la imagen del criminal llega a legitimarse políticamente. El interés de analizar esta obra radica precisamente en perfilar el imaginario popular sobre las instituciones del Estado y los criminales. En esta película puede muy bien definirse lo que para este imaginario origina la violencia contemporánea: los personajes criminales son glorificados como héroes frente a un Estado que actúa en contra de la ley, lo que no está exento de paradojas: ¿Hay una violación de la ley que se legitima y otra que se repudia? Si los representantes del Estado violan la ley, ¿qué instancia garantiza que la ley prevalezca? ¿Hay efectividad de la ley en esta cadena de violaciones?

Esta heroicidad del criminal que se define en contraste con el Estado nos remite a la violencia fundadora de derecho propuesta por Walter Benjamin (1982: 29), en oposición a la violencia coercitiva o conservadora de derecho. El fin de la violencia fundadora es la justicia; su objeto es establecer un marco de legitimidad, esto es, legitimar los medios que llevan a conseguir un fin justo. La inversión del criminal que termina representado como héroe y el Estado imaginado como criminal nos exige rearticular gran parte de nuestros supuestos con respecto a la legitimidad, el Estado-nación y, en suma, las estructuras de conocimiento de nuestras realidades sociales.

El criminal empieza con un corrido que canta el grupo norteño Los Cadetes de Linares en la cárcel:

> De aquellos valientes quedan
> solo dos cruces clavadas,
> un corrido por las calles
> y viudas abandonadas.

Con el lirismo fatalista de la destrucción, este corrido celebra a los asesinos como valientes. Pero el ímpetu heroico tiene como consecuencia un corrido por las calles y viudas abandonadas. El coro trágico de la comunidad homosocial de la cárcel condensa el deseo masculino criminal en términos de destrucción y abandono.

Don Antonio López (Tito Junco), cacique ambicioso del pueblo, quiere forzar a los hermanos Jesús y Demetrio Coronado (Fernando y Mario Almada) a venderle su rancho tras descubrir que ahí se ubica una veta de oro. "No es cuestión de que quieran, sino que nos tienen que vender", pronuncia don Antonio en una reunión con sus incondicionales. Uno de los socios deja claro que ellos estarán dispuestos a eliminarlos en el momento en que don Antonio lo disponga. La lógica de don Antonio es la misma del clientelismo que define al sistema político mexicano: él es un patrón protector de los suyos –sus servidores, a quienes trata como su familia–, y logra sus objetivos usando a su favor tanto sus influencias en el gobierno como las estrategias de amenaza y vandalismo. Don Antonio logra la lealtad de los demás a través del endeudamiento y el chantaje, para lo cual cuenta con una red de inteligencia que le suministra información para usarla a su favor en cualquier momento que lo necesite. Así, chantajea a don Andrés (Roberto Cañedo), el padre de Rosa María (novia de Jesús Coronado), para que esta se case con su hijo Toño, amenazándolo con denunciarlo por tráfico de armas si no accede a dar a su hija en matrimonio.

La frase que uno de los socios de don Antonio enuncia cuando llega a insistirle a Jesús que venda el terreno nos remite a la institucionalización del crimen: "Dentro de unos días vamos a comenzar los trabajos, con tu consentimiento o sin él. Y como es un asunto de interés nacional, pues creo que vamos a pedirle ayuda al gobierno". Desde esta lógica, resistirse es una forma de perjudicarse, y el sistema caciquil solo podría desarticularse por la violencia justiciera. Como podemos darnos cuenta, el Estado como discurso legal está completamente ausente, y solo persiste el Estado como crimen organizado que bajo la norma clientelar, es decir, el sometimiento de los ciudadanos al arbitrio del crimen oficializado, determina el orden socioeconómico y político. Es necesario subrayar el aspecto organizativo del crimen organizado: esto es, debemos tener en cuenta que no es una forma marginal ni clandestina de ejercicio del poder, sino una articulación de fuerzas que no deja dudas sobre su efectividad en el control de la población. Es esta capacidad de organización la que obliga a hablar de un Estado criminal como eje explicativo de la vinculación entre la homosociedad tradicional y el ejercicio del poder político.

"Por ahí se dice que eres medio rejego, ¿qué hay de cierto?", le pregunta a Jesús el comandante de la Policía Rural que llega a interrogarlo por un asesinato que cometió en defensa propia y por negarse a vender el rancho. Queda claro que ninguno de los dos motivos merece condena de acuerdo con las leyes, pero para el comandante son razones suficientes para considerar a Jesús un criminal. La policía funciona como un aparato de castigo para quienes se oponen a la voluntad de los caciques, con lo que se define el carácter que tienen las relaciones de poder en México. Entre las estrategias de este sistema judicial se encuentra la de fabricar crímenes para condenar a los enemigos del cacique. Así, los peones de don Antonio colocan herramienta suya en el rancho de los Coronado para usarla como evidencia de robo, y luego envían a la policía para aprehenderlos. Sumados a estos actos de acoso y abuso de poder están los de vandalismo, como el incendio de un granero ejecutado por un hombre que contrató don Antonio y la muerte de reses balaceadas por Toño y uno de sus peones. Por último, el honor de Jesús Coronado queda pisoteado cuando Rosa María es obligada a casarse con Toño. Todos estos elementos funcionan estéticamente para intensificar el melodrama, que, como plantea Monsiváis en su análisis de la cultura de la violencia en México, es la estructura narrativa que legitima la violencia justiciera, es decir, la que se expresa como reacción de los ciudadanos ante el Estado criminal. Esto explica la popularidad de las películas de los hermanos Almada. Ellas constituyen la narrativa fundacional de la violencia contemporánea. Sin escatimar emociones, el final de esta película se resuelve en una carnicería que Jesús Coronado ejecuta con frialdad y sin complicaciones. Los hechos de sangre se presentan como final feliz. Jesús ha cumplido su venganza, y con ello la película ha logrado la catarsis política de ver al gobierno criminal derrotado.

La colaboración entre los grupos criminales y las fuerzas oficiales victimiza al hombre de bien, que es modelo de masculinidad heroica, y cuyos actos de resistencia y venganza se han de interpretar como la fundación de un orden mediante el ejercicio de la violencia, bajo la cual policías y caciques terminan muertos como justo castigo. Esta película es, entonces, una celebración del héroe justiciero que derrota al Estado, y con ello sugiere la autonomía de un orden sin Estado que no requiere más que la ley de las armas para establecer su equilibrio. Con todo y sus anacronismos, su despliegue de estereotipos y la artificiosidad del *western* a la mexicana, esta película permite reconocer un deseo político que fundamenta el surgimiento de grupos criminales desde la época de la Colonia. Si el Estado no es legítimo porque ha renunciado al cumplimiento de la ley para beneficiar a una clase poderosa caracterizada por la corrupción y el abuso, entonces es justo que la sociedad se arme y se defienda ella misma; en suma, es justo cometer crímenes para recuperar el honor y el derecho a la familia y a un ingreso digno. Jesús no es más que un asesino justiciero, un buen criminal que refuerza la idea de que el Estado es innecesario. De una manera equívoca y melodramática, el público puede llegar a una explicación de la pobreza en la era de la globalización: hay un poder económico que ilegítimamente utiliza las fuerzas del Estado para despojar a la ciudadanía de los recursos que el régimen de la Revolución había socializado.

Un sinnúmero de películas de bajo presupuesto producidas entre los setenta y los noventa giran en torno a este motivo de la legitimación del criminal frente a la corrupción de las instituciones del Estado. Para la primera década del siglo XXI, esta estética del *tortilla western* parecía haberse extinguido. En 2010, a manera de homenaje a este género –lo que se confirma con la aparición de Mario Almada como estrella invitada–, la película *El infierno*, dirigida por Luis Estrada, cumple el papel de epítome del *tortilla western* con una hechura de parodia, aunque no libre de excesiva crueldad y desolación del paisaje. Esta película lleva el drama de lo criminal a un plano donde la lógica patriarcal del honor violento, que se había establecido como un decálogo de la acción destructiva, pierde toda legitimidad. No hay héroes que convenzan ni códigos que se sostengan como norma de honor. La venganza es un acto automático que no echa mano del recurso sentimental, sino que se plantea como el surgimiento de una especie de lujuria de la muerte o del matar como conducta refleja. Este festín de la sangre que puebla tanto las representaciones ficcionales como las páginas de los periódicos es una de las mayores obsesiones en el debate público mexicano, donde las molestias estéticas ante la exhibición de escenas sangrientas no opacan la crítica a los contextos económicos, políticos y culturales que han propiciado tales muertes.

En su recuento de los saldos que ha dejado el neoliberalismo en México, Ricardo Ravelo señala en síntesis lo que los narcocorridos nos habían sugerido por décadas: "el apocalíptico fantasma de la pobreza aumentó como maldición por todo el territorio. Y en esos núcleos sociales, el crimen organizado encontró un ejército ya entrenado por el hambre y la frustración" (2007: 99). El desarrollo de las organizaciones criminales coexiste con los proyectos neoliberales –como el TLCAN–, y esas organizaciones han tomado ventaja de ellos, por lo que hemos de considerarlas una parte constitutiva de dicha política económica, o al menos su consecuencia no proyectada. Las condiciones de desigualdad en cuanto a subsidios para la producción agrícola dejaron al agro mexicano en desventaja frente a la bien protegida agroindustria estadounidense, de manera que para 2007, según lo reconoce el propio secretario de Agricultura de México, 30% del territorio nacional se dedica a la producción de estupefacientes (Olivares, 2007).

Es en esta raíz histórica del desmantelamiento del agro donde el humor negro de *El infierno* encuentra pleno sentido. La entrada del protagonista Benny (Demián Alcázar) al pueblo de San Miguel Arcángel es la síntesis de la desolación económica.[1] Paisaje urbano e inestabilidad social parecen corresponderse. La trama fue seleccionada en un concurso oficial para realizar una película sobre el bicentenario de la Independencia de México; se puede entender,

....

[1] El nombre del poblado nos remite a una de las películas más influyentes en la historia del cine mexicano, *Canoa*, dirigida por Felipe Cazals (1976), donde san Miguel Arcángel aparece como símbolo justiciero en un ambiente de marginación y violencia social.

entonces, como un monumento fílmico con el que el Instituto Mexicano de Cinematografía celebra doscientos años de la nación independiente y cien del Estado revolucionario. Es, irónicamente, una cinta financiada por el presupuesto federal. Si mantenemos esta mirada irónica, incluso podemos afirmar que *El infierno* es la imagen del México de 2010. Benny es un migrante que vuelve deportado después de estar veinte años en los Estados Unidos. En su camino a casa sufre dos asaltos a mano armada, uno por un delincuente y otro por un soldado; esto resume la indefensión con que la ciudadanía tiene que transitar, reiteración de las indefensiones decimonónicas de los caminos infestados de bandidos. Al llegar al pueblo, Benny presencia un asesinato. La explicación que le da una mujer es aparentemente simple: "Acuérdese que estamos en guerra", la que en síntesis se puede describir como una lucha entre cárteles que se han fracturado y que cuentan con el apoyo de sicarios, policías, funcionarios y una gran red social, y que en San Miguel se presenta como guerra entre caciques, los hermanos Reyes. En los archivos de la historia reciente, solo podemos entender que hay una guerra declarada contra todo aquel que produzca y comercie sustancias ilícitas; pero esta película nos lleva a un comentario sardónico: una serie de asesinatos de venganza entre familias produce muertes diarias, y no necesariamente por el hecho de que se dediquen al narcotráfico. *Guerra* es una palabra muy formal para la circunstancia de San Miguel, donde matar es constante y pueril. San Miguel Arcángel es sinécdoque de un país en ruinas. Hay ejecuciones que responden a intereses de personajes caciquiles a los que el público está acostumbrado y que ya hemos visto en *El criminal*: ellos poseen la supremacía y la protección de las autoridades. Por lo tanto, se puede decir que la primera declaración de esta película es que existe una guerra simulada que tiene el fin de fortalecer el poder de los caciques locales. Dos hermanos se disputan el control del mercado ilícito y se consumen mutuamente con asesinatos de venganza. La policía trabaja para los Reyes; la prostitución, el mercado de drogas y el negocio de los sicarios gravitan en torno de estos caciques.

Nada nuevo ofrece esta obra en materia de comprensión del poder político en México. De acuerdo con el análisis de Ángeles M. Pérez Bernal , "la contradicción en que ellos mismos [los Reyes] se hallan, los hace aparecer como bufones, como títeres que, tarde o temprano, también serán devorados por la máquina esquizofrénica capitalista" (2012: 258). Según esta interpretación deleuziana de Pérez Bernal, los rasgos violentos y caricaturescos de estos caciques son expresión de un capitalismo caracterizado por la esquizofrenia. Esta patologización del sistema económico nos lleva a concebir la totalidad de la crisis de la violencia criminal en México como una irracionalidad dominante, un desquiciamiento que se presenta en términos de lógica del mercado y emergencia en materia de seguridad, una normatividad cuya primera prohibición es someter a escrutinio la necesidad y racionalidad de su lógica. El mal que domina los imaginarios y las versiones de la realidad mexicana se caracteriza por su irracionalidad tanto económica como política. Digamos que, por un lado, se puede identificar una matriz económica esquizofrénica (siempre bajo los términos de Deleuze y Guattari) en los sistemas de dominación del mercado contemporáneo, donde el narcotráfico ocupa una proporción prominente, y por otro, un sistema político que depende de la excepcionalidad y el quebranto de las leyes, cuya raíz cultural habría que rastrear en la formación de poderes alternos e intraestatales, dotados de su propia fuerza coercitiva, que han caracterizado a las asociaciones criminales-políticas en México, según hemos analizado desde el primer capítulo. El excepcionalismo de las organizaciones criminales tradicionales, que ha condicionado las relaciones de poder en México por lo menos desde el siglo XIX, ahora aparece en el contexto de la hegemonía global del mercado, y con ello en la constelación de los diversos flujos de poder que tal mercado global implica. Esto es, el excepcionalismo tradicional se potencia, a la vez que se relativiza, con el excepcionalismo establecido por el régimen neoliberal.

El Benny y los personajes que lo rodean pasan de la perplejidad a la toma de decisiones, orillados por la precariedad imperante: ninguna actividad económica prospera si no se adhiere al monopolio criminal de los Reyes; ninguna prosperidad traspasa la mezquindad que convierte a los pobres en ricos efímeros, pues la condición de su bonanza es la vida breve. La madre de Benny le reclama que, durante su larga estancia en los Estados Unidos, nunca le hubiera enviado dólares. El Benny termina por convencerse de que, cancelada la opción de trabajar como indocumentado en el país vecino, la única forma de vivir en San Miguel Arcángel es convertirse en sicario al servicio del emporio criminal. Tratar de escapar de esta maquinaria político-económica es un deseo que vemos cumplido al final de la película: Benny mata a don José Reyes, ahora presidente municipal, mientras este preside la ceremonia del Grito de Independencia en la atestada plaza del pueblo. Pero tal deseo se mantiene en el plano de una fantasía imposible. El poder político y el criminal confluyen en la persona del cacique, y ningún ciudadano puede escapar de su imperio, so pena de ser sacrificado, en una sociedad donde la muerte se ha vuelto lugar común. Esto es, el asesinato de José Reyes no se constituye como un evento en términos de Alain Badiou, incluso cuando el deseo de aniquilar al cacique criminal nos remita al gran deseo cívico de aniquilar la estructura que mantiene el estado de forzada criminalidad e inexorable dominio de la ilegalidad (Badiou, 2006: 178-179). Matar a José Reyes se ubica, más que en la historicidad del evento, en el plano de la futilidad de la violencia, de su reiteración incuestionada. Esto nos lleva a plantear que *a)* el acto de matar a don José Reyes no significa para la multitud ninguna vía de acceso a la desestructuración del sistema criminal que domina la economía y la vida social de San Miguel Arcángel;

b) matar a José Reyes es un acto inmediatamente castigado por la propia comunidad que es víctima del cacique, confirmando con ello que la liberación del mal que aqueja a la ciudadanía no es una prioridad de esta; *c)* la ciudadanía actúa contra el héroe que mata al cacique porque ve en él un factor que perturba la normalidad de la violencia, el sistema de protección y coerción establecido por la simbiosis crimen organizado-gobierno, y *d)* por ello podemos atribuir la perpetuación de la hegemonía criminal a un consenso de la ilegalidad, una cultura establecida en el pasado caciquil y llevada a consecuencias exacerbadas en el presente neoliberal, donde asesinar y ser asesinado se han convertido en necesidades de la economía y la política del mercado no regulado.

Este *impasse* en que se detiene *El infierno* nos conduce a preguntarnos por la efectividad de cualquier política imaginada desde fuera de los dominios de las organizaciones criminales y el sistema institucional y social que las sostiene. Estrictamente, ¿se ha imaginado desde las narrativas a nuestro alcance alguna vía política que permita escapar a este sistema de ilegalidad y constante acoso de la inseguridad?, ¿podemos concebir una sociedad civil organizada contra la hegemonía del sistema criminal-oficial que la mantiene coaccionada y dependiente de tal hegemonía? En torno a estas preguntas se desarrollará el siguiente apartado.

La utopía de la sociedad civil

La película *Todo el poder* (Fernando Sariñana, 1999) se concibe bajo la perspectiva que considera al Estado una organización criminal que provoca la reacción de una sociedad justiciera. Se trata de un *thriller* de humor negro que nos hace ver que los hechos de violencia alguna vez considerados incidentes extraordinarios ocurren a todas horas, de manera que la cámara de Gabriel Castro (Demián Bichir) captará, sin proponérselo, algún asalto, disparo o robo en cualquier punto de la Ciudad de México. En una de las primeras secuencias,

Gabriel se encuentra reunido con sus amigos en un restaurante elegante cuando irrumpe un grupo de enmascarados –que pronto sabremos que son los mismos policías que se habrán de encargar de las investigaciones de este asalto–, que además de despojar a los comensales de sus objetos de valor, le roban a Gabriel la camioneta de su exesposa. Semidesnudo entre las demás víctimas, jura que esta será la última vez que lo roban. Significativamente, su amiga Frida esconde la cámara de la vista de los asaltantes. Instrumento preciado de registro y denuncia, la cámara va a desempeñar un papel central en la trama: es una forma eficaz de combatir a las fuerzas criminales que han instalado el estado de inseguridad. Gabriel emprende el juego del detective ciudadano (que veremos también en las novelas de tema policial) y, finalmente, coordina un grupo que roba a los ladrones, asalta a los asaltantes y secuestra a los secuestradores, acciones que sustentan lo que sería la tesis de la película: la solución irónica de que el crimen perpetrado por los policías solo podría detenerse si los ciudadanos emprendieran la increíble hazaña de espiarlos, asaltarlos, secuestrarlos y denunciarlos a través de los medios, deseo ficticio que se estrella contra nuestra desesperanzada certeza de que todo el filme es un juego irrealizable. De ahí su humor negro. Reírse de la desgracia nacional parece ser la única forma de sobrevivirla. La audiencia responde al unísono con una amarga carcajada ante el incesante sucederse de hechos delictivos.

Jorge Ayala Blanco, en una crítica poco amable de esta cinta, apunta que *Todo el poder* se restringe a la visión clasemediera del postsalinismo (1995 en adelante) con su "crítica superficial y frivolaza" de la inseguridad (2001: 473). La clase media honesta y trabajadora es víctima de las bandas de delincuentes organizadas y comandadas por las propias autoridades. Mientras que la película *El criminal* identifica como víctima al hombre de bien del medio rural, y con ello defiende una moral del patriarcado tradicional, *Todo el poder* presenta como víctima a la clase media urbana, donde hombres y mujeres comparten el papel heroico. Esta indistinción de género se aleja de la figura del hombre justiciero cuya habilidad con las armas es clave en la lucha contra el Estado criminal. Por ello es importante notar que *Todo el poder* se realiza bajo el supuesto de que la reducción del crimen es posible gracias al azar perfecto en favor de las víctimas y al espionaje inadvertido a los policías por los ciudadanos. Utopía que no cree en sí misma, en esta película convergen, sin embargo, la visión del gobierno como enemigo de la sociedad, propia de las disidencias políticas, y el discurso conservador de la clase media que percibe en los delincuentes al sector inmoral y lumpen al servicio del crimen organizado de alta jerarquía oficial.

Aunque se construyen sobre estéticas completamente distintas y describen estructuras sociales opuestas (campo *versus* ciudad, sociedad centrada en valores patriarcales *versus* sociedad con mayor equidad de género, etcétera), *El criminal, El infierno* y *Todo el poder* coinciden en plantear las siguientes hipótesis con respecto a cómo se representa la criminalidad en el cine mexicano reciente:

a) El Estado es un aparato criminal. El Estado de terror que surgió como una necesidad de mantener la hegemonía ante la amenaza de los disidentes políticos durante la Guerra Fría continúa como parte de un negocio que incluye robo, secuestro, asesinato por encargo, tráfico de estupefacientes y armas, donde los miembros de la policía y los funcionarios públicos son imaginados como los principales enemigos de la sociedad civil.

b) Se propone como una posición política legítima la lucha contra el aparato del crimen oficial, donde la población civil, identificada como gente de bien, toma en sus manos la responsabilidad de luchar contra el Estado. Esto sugiere un deseo utópico de vivir en un mundo libre de coerción oficial donde el control estaría a cargo de los ciudadanos.

Estas dos hipótesis nos ofrecen una línea de reflexión crítica para pensar lo social más allá del marco del Estado. Al criminalizarse al Estado, cualquier modelo de justicia propuesto por los actores oficiales carece de legitimidad, puesto que sus disposiciones y acciones suponen una finalidad injusta vista desde la perspectiva ética más básica e irrenunciable de la preservación de la vida humana. Al dedicarse a actividades criminales, los agentes oficiales que han entrado al circuito de la corrupción ejercen una violencia sin justicia, y el uso de la fuerza oficial no responde a las necesidades del orden social sino a intereses que, además de no ser públicos, actúan en contra del bienestar colectivo. Esto nos remite a la distinción que Hannah Arendt plantea entre *violencia* y *poder*: la violencia surge ahí donde el poder se ha reducido, puesto que el poder es "la capacidad humana para actuar concertadamente" (1970: 23). Lo que hace falta para que la fuerza del Estado recupere su poder político es precisamente esa posibilidad de la actuación concertada que implica la capacidad de actuar bajo el mandato democrático.

Visto desde la conceptualización de Arendt, el Estado criminal no constituye un poder sino una fuerza, y como tal, su sistema de coerción no puede considerarse legítimo. Atendiendo a esta interpretación, no esperaríamos que el Estado criminal tuviera algún interés más allá del mero control de una actividad económica que resulta dañina para la seguridad y la integridad sociales. De ahí se desprende que los intereses de los que detentan el poder del Estado se asimilan a los consorcios transnacionales que, de acuerdo con Michael Hardt y Antonio Negri, son los verdaderos dueños del imperio económico global, los cuales someten a sus intereses a los estados, cuya función, a lo sumo, es la de ejecutar políticas favorables a los poderes supraestatales del capital (2000: 8-10). Si bien Hardt y Negri se refieren al mercado global formal, consideramos aquí que el crimen organizado constituye su cara ilícita, con una participación en la economía mundial nada desdeñable pero difícilmente cuantificable, que se ha beneficiado, como las empresas formales transnacionales, de las desregulaciones económicas impuestas por el neoliberalismo y que, como estas, también tienen una amplia influencia en las políticas de los estados. La relación del Estado con las organizaciones criminales se da mediante una negociación en la que los jefes criminales dejan por sentado que ellos ejercen su voluntad contra todo lo que las campañas publicitarias en su contra quieran indicar.

Ficción oficial y verdad novelesca

Documentar el pacto entre Estado y criminales ha sido una de las empresas más riesgosas. Lo muestran los asesinatos de periodistas que se han suscitado en el país desde los ochenta. El caso de Manuel Buendía, asesinado en mayo de 1984, abrió una serie de sospechas y fuga de evidencias que señalaban como culpables a funcionarios de la Dirección Federal de Seguridad, desaparecida un año después ante el escándalo de otro asesinato de gran resonancia, el de Enrique Camarena Salazar, agente de la DEA. Un acelerado proceso de corrupción cubre de perplejidad a la esfera pública mexicana, de tal forma que la información en torno a estos dos casos se multiplica en versiones contradictorias, mientras la literatura, sobre todo la producción novelesca, trata de dar orden y sentido a lo que las políticas oficiales de censura y desinformación han mantenido en el plano de la ficción.

Las fronteras entre ficción y realidad son cada vez más borrosas en los discursos que se refieren a la criminalidad. El recuento diario de acontecimientos trágicos, cómicos y tragicómicos que causan consternación, las épicas de nota roja caricaturescas y patéticas, el continuo mentir y desmentirse de los actores públicos, la pluralidad de voces que les responden han dado como resultado un panorama de excesivo relativismo. Estamos ante un cruce incesante de representaciones que terminan por ficcionalizar y convertir en espectáculo los hechos de violencia y las catástrofes. Se observa entonces una ficcionalización de los hechos reales a cargo de los medios que con sus tonos escandalizadores, sus omisiones, su manipulación de datos y las declaraciones categóricas sin lógica ni fundamento desvirtúan la veracidad y verosimilitud de los hechos narrados. Ante esto, la literatura de ficción se dispone a ensayar mecanismos que permitan un conocimiento de los fenómenos sociales y culturales que nos dirija a encontrar la verdad de nuestro presente. La ficción pasa a convertirse paradójicamente en un método para alcanzar (o construir) verdades. Tal sería, en todo caso, una manera de definir el realismo.

La construcción de este realismo puede concebirse como una política de la verdad, y como tal depende de las luchas por el poder de la palabra y su capacidad de crear consensos. Una polémica, sucedida en mayo de 2012, entre el historiador y novelista Héctor Aguilar Camín y el periodista Genaro Villamil –en torno al señalamiento hecho por este último sobre la ilegalidad del apoyo de la empresa Televisa al entonces candidato del PRI a la Presidencia– ilustra el proceso de administrar las verdades en la esfera pública mexicana. Aguilar Camín descalifica la información publicada por Villamil con respecto a contratos no reportados entre el candidato y Televisa –valuados en casi 700 millones de pesos– porque el periodista se niega a revelar la fuente que filtró la información (véase Aguilar Camín y Villamil). Aguilar Camín solo considera válidos los documentos oficiales. Villamil dice no poder revelar la fuente por la seguridad de quien proveyó la información y de su familia. Dos concepciones de la verdad se confrontan. Uno exige validación oficial; otro alude al peligro de que alguien sea dañado o asesinado por revelar la fuente. El fantasma de la censura capital ejercida por las autoridades y las organizaciones criminales y la falta de credibilidad del discurso oficial terminan por desplazar el campo de la verdad al de la ficción. Lo que está en juego no es la veracidad de los documentos oficiales o la veracidad de la información recabada por Villamil, sino el carácter legal de la verdad oficial frente a la verdad extralegal de las represalias de corte criminal (secuestro, tortura, asesinato) con que los poderosos controlan el flujo de información. La verdad no oficial es, entonces, la materia de la ficción con la que podemos llegar al discernimiento de los actos y la lógica de los procesos que se desarrollan al margen del discurso de las autoridades y los medios alineados a ellas.

En la narrativa detectivesca sobre el crimen organizado, son periodistas, abogados, activistas o intelectuales quienes se encargan de investigar hechos de sangre, no los policías, los cuales a menudo resultan perpetradores de estos hechos. Tanto periodistas como abogados y críticos literarios comparten una agenda que podemos identificar como moral de los derechos humanos. Esta agenda goza del consenso de un amplio sector de actores sociales, desde periodistas hasta líderes políticos, artistas y cineastas, y abarca un creciente número de voces en las redes sociales del espacio cibernético.

La frontera huele a sangre, de Ricardo Guzmán Wolffer (2002), cuenta la historia de Sepu, un periodista de la Ciudad de México que llega a Nogales, Sonora, como corresponsal. Inicialmente pretende escribir artículos sobre narcotraficantes, pero de inmediato es disuadido por un experiodista que vive escondido en una alcantarilla, quien le advierte que cualquiera que se aventure a investigar sobre estas actividades arriesga su vida y la de su familia (Guzmán Wolffer, 2002: 37-38). Por ello, Sepu decide indagar en el tema de la migración ilegal a los Estados Unidos. En su ágil recuento etnográfico cargado de humorismo, Sepu termina por descubrir la desaparición misteriosa de migrantes al cruzar la frontera. Una red de traficantes de personas se vincula a una organización criminal norteamericana que clandestinamente extrae órganos de los jóvenes migrantes. Junto con un agente de Migración, Sepu ejerce la función detectivesca que permite dar con oficiales norteamericanos y traficantes de ambos lados de la frontera. La estrategia narrativa de separarse del tema del narcotráfico para seguir la ruta de las desapariciones de jóvenes que se arriesgan a cruzar la frontera permite a Guzmán Wolffer escapar del lugar común de enfocarse en el narcotráfico como la principal actividad criminal, incluir el tema de la corrupción policial en la parte estadounidense de la frontera y dirigir nuestra mirada hacia la crisis de derechos humanos que la economía neoliberal ha generado. Las condiciones sociales y culturales de Nogales, según describe Sepu, son las óptimas para que prospere el sistema del capitalismo salvaje:

> Sí, Nogales es el lugar soñado por nuestros dirigentes nacionales: cero educación humanística, cero actividad cultural, harto lugar para beber o meterse lo que sea, mucha mano de obra barata, facilidad para comprar la chatarra del otro lado y cero problemas laborales, porque ya se sabe que una vez echándole bronca a una maquiladora, no entras a ninguna otra. El paraíso del neoliberalismo agachón (2002: 34).

La pobreza de recursos educativos que cancela la posibilidad de ascenso social, la indefensión legal de los trabajadores ante las compañías maquiladoras y el auge del mercado del hedonismo, legal e ilegal, constituyen lo que Guzmán Wolffer llama *neoliberalismo agachón*. Habitado por desposeídos que nada tienen que perder al lanzarse a la aventura migratoria o que dependen de las oportunidades precarias del mercado de trabajo y las actividades criminales, el espacio fronterizo se caracteriza por la concentración de sujetos desechables. El marco ficcional del mercado de órganos es un recurso que apunta hacia el problema central del neoliberalismo: su férrea oposición a que se lleven a cabo proyectos de desarrollo humano, a que se regule el mercado y, en suma, a que se reduzca la marginación. *La frontera huele a sangre* es, de esta forma, el trazo de un paisaje social donde se puede apreciar una maquinaria que consume los cuerpos de los pobres. La idea de cuerpos desechables o sustituibles que sostienen la economía neoliberal, propuesta por Kevin Bales para el caso de los mercados contemporáneos de esclavos y por Melissa Wright para el de la gran masa proletaria global de las maquiladoras, adquiere en esta novela rasgos horrendos al presentar el homicidio de estos sujetos como un método de producción de riqueza (Bales, 1999; Wright, 2006). Cuando los gobernantes mexicanos hablan de competitividad para atraer capitales, se refieren a la oferta de las condiciones humanas más desventajosas posibles: la competitividad del país se cifra en tener una de las poblaciones más tolerantes a la miseria en el mundo. Los adolescentes migrantes de la novela de Guzmán Wolffer están completamente a expensas de las decisiones de quienes los controlan: los *polleros* les cobran por cruzarlos, pero en esta transacción realmente pasan a apoderarse de sus cuerpos y sus destinos. Los polleros los venden como insumos (no donantes) a los traficantes de órganos, quienes disponen de sus vidas. Para Bales, el esclavismo actual carece de las responsabilidades y de los compromisos legales del esclavismo del pasado, cuando era legal. En el presente, no se compra la propiedad de una persona para explotarla económicamente; lo que se compra es el control absoluto de su cuerpo para extraer de él la mayor ganancia y desecharlo cuando ya no brinde beneficios económicos (1999: 4-5).

Podría argüirse que el motivo del tráfico de órganos es poco creíble en el contexto de la frontera entre Arizona y Sonora. En todo caso, es una ficción posible, y en esa posibilidad reside el argumento que me importa proponer: al resistirse a centrar su ficción en las peripecias del narco, Guzmán Wolffer escapa de la trama épica de las luchas por el control de los territorios para centrarse en la violencia descarnada, completamente lucrativa, de robar órganos y desechar los restos como basura. El impulso irónico hace de su narración un vaivén entre el juicio sardónico contra la degradación de la vida humana en el espacio fronterizo y la agilidad aventurera y accidentada del periplo detectivesco. Sepu recorre la franja fronteriza para dejar ver los entretelones de un crimen organizado transnacional que se mantiene sólido gracias a su penetración en los diversos sectores de la vida social. En esta actividad económica no hay límites morales, por lo que podemos atribuirle el *locus* del mal en el imaginario social contemporáneo; la desestimación de la subjetividad de la víctima, su carácter de cuerpo consumible constituyen la mayor evidencia de que el sistema criminal (omnipresente en la economía, el Estado y la cultura) decide sobre la vida y la muerte de las personas.

El tema del tráfico de órganos es también motivo central de la noveleta *Descuartizamientos*, de Gabriel Trujillo Muñoz. El gobierno de Baja California no confía en sus propios policías y prefiere contratar al detective Morgado, un abogado de derechos humanos, para investigar un caso de niños secuestrados en Mexicali. Molly Hernández Hacker y John S. Trower, el *Loverboy*, ambos estadounidenses, raptan niños y venden sus órganos a clientes norteamericanos que pagan fortunas por un servicio solo disponible en la clandestinidad. Los médicos que extraen los órganos cruzan la frontera a Mexicali a hacer la cirugía y regresan a Caléxico de inmediato. En un hospital de California, el riñón de un niño secuestrado que se extrajo en México es trasplantado a una niña norteamericana que tiene la fortuna de haber nacido en una familia adinerada, que no pregunta por la procedencia del órgano para prevenir el sufrimiento de cualquier culpa. Como en la novela de Guzmán Wolffer, en este texto de Trujillo Muñoz encontramos que el factor espacial de la frontera, región de escamoteos y tráficos diversos, es determinante. Pero la frontera es, ante todo, un centro de contradicciones y desfasamientos que definen las paradojas del sistema neoliberal. Contra la costumbre de la ficción mexicana reciente, la noveleta de Trujillo Muñoz le concede a las autoridades del gobierno del estado el crédito de trabajar con diligencia en la investigación de las desapariciones de niños, aunque los personajes externan insistentemente su desconfianza hacia los policías judiciales. El argumento se expresaría de la siguiente manera: ante la ola de secuestros, la opinión pública apremia a las autoridades a mostrar resultados de las investigaciones. Como los propios funcionarios del gobierno no confían en sus agentes, contratan al abogado de derechos humanos, lo que legitima la pesquisa. Los criminales parecen no estar relacionados con los policías mexicanos, sino que actúan favorecidos por las facilidades de operación que la frontera les ofrece, lo que abre la puerta a considerar formas de organización criminal que prescinden de la corrupción policial. Se trata de un tipo de organización delictiva diseñada sobre una fórmula operativa eficiente y simplificada: Molly detecta a los clientes con necesidades de trasplante y logra venderles los órganos con la seguridad de no ser delatada; ella secuestra a los niños, monta y desmonta quirófanos, y contrata a los cirujanos que cruzan la frontera para realizar las extracciones; finalmente, los trasplantes se consuman en hospitales privados y discretos de los Estados Unidos. Se trata de una organización cuyo eje operativo es la frontera: el ir y venir de un país a otro nos permite concebir las asimetrías entre las dos naciones como una estructura que propicia el consumo de cuerpos desechables por quienes tienen poder adquisitivo. En la frontera se transparenta la soberanía de un mercado sin obstáculos legales, sin escrúpulos ni derechos humanos.

La masa de los derechos humanos se forma en un momento histórico en que el Estado se ha debilitado ante la fuerza económica de las corporaciones; la economía ilegal ha crecido a causa de las desregulaciones de los mercados, y el aumento de la población marginada ha catapultado las actividades criminales. Sin ley efectiva ni Estado que la garantice, la criminalidad se identifica como actividad que se ejerce desde los grupos oficiales. En una entrevista concedida en agosto de 2009, Guzmán Wolffer nos ofrece una clave que comparten un gran número de obras literarias y de reportaje: cuando el Estado era fuerte y en muchos sentidos autoritario, administraba a la delincuencia y la mantenía bajo control para su propio beneficio.

En años recientes, el Estado se encuentra bajo el control de aquella. Estas observaciones nos permiten aventurar una hipótesis con respecto a los derechos humanos: se insiste en que los violadores de tales derechos son los actores oficiales, sin ir más allá ni entender que estos actúan con una identidad oficial pero bajo el designio de una estructura criminal extraoficial. Es a esa estructura del Estado al servicio de las fuerzas del mercado ilícito hacia donde hemos de volver la mirada para comprender los mecanismos que hacen de la violación a los derechos humanos una actividad lucrativa. Varias preguntas surgen a raíz de esta relación entre lo criminal y lo político: ¿Es, entonces, el crimen organizado en sí una fuerza política, o solamente mantiene bajo su poder a los grupos políticos sin pretender para sí mismo el mando del Estado? ¿Qué entendemos como político?, ¿una fuerza que se impone más allá de las ideologías?, ¿o la fuerza de la ideología que crea consensos sociales? ¿Dónde está el poder? Indudablemente, la interrelación entre crimen y política nos llevaría a concluir que el Estado está mediado y controlado por fuerzas mayores: las del capital lícito e ilícito (lo que reiteraría la tesis marxista de la economía como condicionante del Estado). Y a su vez tendremos que entender que el capital constituye el verdadero poder global, donde el crimen organizado tiene una amplia participación. Esta estructura de múltiples niveles de poder beneficia a los criminales, los que, aunque poco se expresen en discursos ideológicos, queda claro que determinan las decisiones políticas en el plano global.

La hegemonía global del crimen

La película *Conejo en la luna* (Jorge Ramírez Suárez, 2004) nos permite atisbar las conexiones entre el crimen organizado de tráfico de estupefacientes y de armas, y los funcionarios de gobierno, no solo mexicanos, sino de otros países: un sistema de poder económico que textos como *Gomorrah*, de Roberto Saviano (2006), e *Illicit*, de

Moisés Naím (2005), nos describen con detalle y objetividad espe-
luznantes. El filme de Ramírez Juárez empieza cuando el secretario
de Gobernación de México, Segura (Adalberto Parra), y el presidente
del partido oficial, López (Álvaro Guerrero), negocian con el ministro
de Defensa inglés una transacción que les permitirá lavar dinero del
cártel de los Aguado y proveerse de armas. El doctor Parra (Ricardo
Blume), senador y próximo candidato al gobierno de Tamaulipas,
expresa su desacuerdo con este trato, por lo que es ejecutado al salir
de una rueda de prensa. Parra había comparado el estilo viejo de
hacerse rico con el estilo mafioso de los políticos contemporáneos,
que dependen del dinero del narcotráfico. El asesinato de Parra se
nos ofrece como una interpretación de los asesinatos de políticos y
oficiales de alto y mediano rangos que se presentan como mártires
de la lucha contra el crimen organizado. En esta película, a excepción
de Parra, los oficiales no son víctimas sino parte del aparato criminal.
No hay lealtades que valgan: quienes han de ser ejecutados lo serán
sin miramientos, con tal de que el sistema multimillonario de la
economía criminal siga funcionando. Este sistema de ejecuciones,
en el que ya no vale la protección de ningún líder de la organización
criminal sino la permanencia del sistema como tal, es lo que explica
el hecho de que así se eliminen personajes centrales de las mafias o
se les recluya en prisiones donde quedan completamente incomu-
nicados (como en el caso de los extraditados a los Estados Unidos)
y el de que el negocio ilícito siga funcionando. Como hemos visto
en varias narrativas, la economía criminal es un sistema abstracto y
despersonalizado que reduce las posibilidades de su extinción en
la medida en que multiplica su violencia. Así, los colaboradores de
López y Segura son encarcelados tras el asesinato de Parra y se les
obliga a asumir la culpa de sus superiores. Finalmente, tanto colaboradores como responsables terminan ejecutados como un modo
efectivo de administrar el silencio.

El ciudadano común es víctima o victimario, dependiendo de
circunstancias azarosas. Antonio (Bruno Bichir), un joven artista que

está casado con Julie (Lorraine Pilkington), una ciudadana británica, es acusado del asesinato de Parra. Él logra huir a Inglaterra, pero la policía secuestra a su esposa junto con su bebé. El hecho de que esta película rebase las fronteras muestra que el crimen organizado mexicano ha corrompido a otros gobiernos y sus diplomacias. La vía de lavado de dinero es el Ministerio de Defensa inglés, cuyos oficiales abren cuentas secretas en Suiza para utilizarlas en la lucha contra los gobiernos de Medio Oriente. La hipótesis está apenas sugerida: el mercado de drogas alimenta las finanzas de fuertes intereses, como el negocio de las armas, es decir, el negocio de la guerra, tal como lo plantea Curtis Marez (2004: 4) al analizar el escándalo Irán-Contras, donde el capital de las drogas se convierte en el mejor recurso de financiamiento de la contrarrevolución en Nicaragua.

Julie y Antonio caen incautamente en una trama de negocios criminales coordinados con maniobras políticas. Ambos son objeto de una implacable persecución que pone en movimiento a los diferentes niveles de policía, incluida la Interpol, y el espionaje telefónico y cibernético de diversas corporaciones: finalmente es la hazaña de contraespionaje de Antonio la que le permite escapar. Antonio pertenece a la ciudadanía del miedo y conoce las formas en que la policía mexicana actúa, fuera de toda legalidad y sin límites morales. Se trata de un poder cuya soberanía es absoluta, a pesar del gesto republicano con que la institución policial se define a sí misma. La embajadora británica hace reclamaciones legales que caen en el vacío de la impunidad. Esto confirma que el Estado como tal no actúa independientemente donde el crimen organizado ha establecido su hegemonía. Las verdades oficiales, por ende, circulan bajo sospecha de estar condicionadas.

Las ficciones sobre lo criminal resultan una herramienta política para contestar o poner en cuestión las verdades oficiales. Es en esta pugna entre ficciones verosímiles y declaraciones oficiales inverosímiles donde hemos de ubicar la reyerta simbólica que ocupa el escenario social. El principio ordenador de la verdad oficial no lo es tanto la locuacidad declaratoria del discurso oficial, sino el complejo sistema de coerción que convierte al Estado en un aparato de control social cuyo lenguaje es el terror y cuyo propósito es la preservación de la hegemonía criminal. La industria del homicidio que hemos visto desplegarse en las diversas narrativas fílmicas y literarias nos habla de una funcionalización de la muerte y, por lo tanto, de la construcción de perfiles profesionales donde la capacidad de matar es altamente preciada. Es este el punto crítico del drama social escenificado en estas historias: la violencia que consume masivamente a las poblaciones, que paraliza la vida social y económica, que impone la incertidumbre en el espacio público se debe directamente al crecimiento de un sistema de asesinato por encargo y paramilitarismo que determina las decisiones políticas, los movimientos poblacionales y el reparto de las zonas de influencia entre los grupos armados. Por ello, es esencial entender cómo se forma la subjetividad asesina y cuál es su lugar en las tramas de la política criminal, tema del siguiente apartado.

El victimario, subjetividad en vilo

En *Un asesino solitario*, de Élmer Mendoza (1999), Yorch narra su experiencia como sicario a un compañero de trabajo mientras ambos ejecutan obras de reparación en el drenaje profundo de la Ciudad de México. Se enfoca principalmente en los acontecimientos que impidieron que fuera él en Culiacán –y no el conocido sicario de Tijuana– quien asesinara al candidato del PRI a la Presidencia en 1994. Todos los nombres de los principales actores políticos y de los medios son ficticios, pero el lector no tendrá problema en establecer equivalencias: *el Presi* es, sin duda, Carlos Salinas de Gortari; el candidato Barrientos, Luis Donaldo Colosio; Cuitláhuac Cardona, Cuauhtémoc Cárdenas; Max, Maquío; Abraham Malinovski, Abraham Zabludovsky, y el subcomandante Lucas es el subcomandante

Marcos. Este forzado enmascaramiento de nombres menos tiene que ver con la necesidad de evadir la censura que con la de forzar un estatus ficcional en una narración que difícilmente escaparía de las referencias históricas concretas. El propio espacio donde Yorch le cuenta su historia a uno de sus compañeros, las cloacas de la gran ciudad, nos remite al infierno dantesco donde el poeta florentino llevó a juicio los vicios políticos de su época.

La novela es rica en coloquialismos urbanos del noroeste de México, con abundantes referencias a una forma de machismo pandilleril y de drogadictos que alimenta los sueños épicos del proletariado en nuestras ciudades norteñas y que hemos identificado con el término *lumpenmachismo*, que ha de entenderse como la forma de dominación masculina que se forja en el marco de las relaciones criminales, estableciendo normas de conducta que renuncian a las expectativas del patriarcado tradicional (sobre todo en el aspecto del papel del hombre como proveedor y protector de la familia) para someter a un orden de terror las poblaciones donde predominan las estructuras mafiosas de relación social. Al revisar la vida de Yorch, encontramos su origen en las pandillas de adolescentes de Culiacán, donde defender el honor de su amigo el Willy –a quien todos escarnecían por apestoso– era el principal motivo de violentas reyertas. Al irse a estudiar a la Ciudad de México, Willy y Yorch fueron reclutados por el grupo de porros Los Dorados tras descubrirse sus habilidades belicosas, y al poco tiempo fueron requeridos para formar parte del grupo de Halcones que golpearía, secuestraría y mataría a varios estudiantes el 10 de junio de 1971:

A nosotros nos tocó hacer el numerito del 10 de junio, no sé si oíste hablar de ese desmadre, en donde casi ni nos animamos a arrimarles una chinga a los estudiantes, volaron pelos, carnal, bien machín. Teníamos unos seis meses viviendo en México y ya nos habían conectado con la raza brava; a donde quiera que vayas, si los buscas, encuentras a los tuyos, y eso es lo que habíamos hecho el Willy y yo: encontrar a los nuestros, como le hacen los alcohólicos anónimos cuando van a otra ciudad, o los de los clubes sociales. Y andando en ese rol un día un bato nos propuso formar parte de un cuerpo especial de felones, algo así como una pandilla grandota que haría desmadre en toda la ciudad. Órale, le respondimos, que dizque nos había visto madera, y que no iba a haber bronca con la tira. Entonces no va a tener chiste, dijo el Willy. Pero puede haber broncas más gruesas, dijo el bato, además habrá dinero a pasto y se podrán dar vuelo madreando cabrones; total le entramos, una raya más al tigre, como dices, y creo que era lo mejor que se podía hacer por aquellos años (Mendoza, 1999: 88-89).

Willy y Yorch fueron entrenados en el Desierto de los Leones en lo que puede entenderse como una profesionalización de golpeadores al servicio del gobierno. El paso de joven famoso por no dejarse ganar en ningún duelo de pandillas hacia golpeador al servicio del poder se presenta como una decisión de la que no se puede escapar: "Era lo mejor que se podía hacer por aquellos años" es una frase que implica que el oficio mejor reconocido por los detentadores del poder político (y económico) era el de la violencia. Los mecanismos de violencia que mantuvieron contenidas a las fuerzas disidentes durante la guerra sucia están claramente descritos en esta novela: el mismo proletariado que los grupos políticos de izquierda pretendían representar era el que venía a golpearlos. Esta paradoja de clase tiene consecuencias en la constitución de una cultura de la violencia promovida y reproducida como una forma de ascenso social de las clases populares, más lucrativa que cualquier profesión formal. Tanto el gobierno como el crimen organizado, desde el período posrevolucionario, han profesionalizado y reproducido una economía, una forma de vida, una jerarquía y una normatividad en torno a esta figura del golpeador que por igual han servido a intereses de políticos, magnates y criminales. Las narrativas criminales como las de Élmer Mendoza nos permiten reconocer la dinámica que observan esta economía y esta cultura de la violencia: se trata de una serie de acciones y funciones que se planean y desarrollan en el terreno de la clandestinidad, al servicio de los poderosos, bajo la justificación de resolver situaciones de emergencia. El tema de la necesidad como justificante de la suspensión de la ley que caracteriza al excepcionalismo, de acuerdo con Agamben (2004: 40), se reconoce en la creación de esta fuerza coercitiva extralegal.

El reclutamiento de Yorch tiene el fin de cumplir misiones especiales fuera de la ley pero en beneficio del gobierno. Toda la novela insiste en su profesionalismo y apego a las reglas del negocio homicida: eliminar a la persona señalada, sea quien sea, sin averiguar las razones; ejecutar las órdenes al pie de la letra; no entrar en debilitamientos emocionales; actuar con precisión porque en ello va la vida; renunciar a todo lazo afectivo. Todos estos requerimientos que profesionalizan al sicario lo convierten en un sujeto ubicuo, sin espacio. Es un personaje de excepción que realiza trabajos de excepción; por lo tanto, se ha de privar del derecho de vivir en un lugar fijo y de disponer de su tiempo e incluso de su identidad. Él ha de estar siempre ahí, para cuando se le requiera, y no protestará cuando –estratégicamente– se le castigue. Y sobre todo, no será *chiva* (soplón). El propio título de la novela nos refiere a una condición especial de sicarios de alto perfil: trabajar en solitario, bajo el más absoluto secreto, y llevarse consigo la carga de la culpabilidad del delito. Cuando Yorch descubre que tras matar al candidato sería inmediatamente eliminado por otros sicarios con el fin de asegurarse de que nadie pudiera señalar a quien ordenó el asesinato, la misión termina por cancelarse, y él sale librado tras una serie de peripecias importadas de las películas de acción.

La continua referencia al cine nos sugiere otra vía de ficcionalización que Élmer Mendoza aprovecha para salvar a la novela de su exceso de realidad. No obstante, es difícil dejar de leer ahí los acontecimientos de 1994, tan significativos para la historia contemporánea de México. Sobre todo, es inevitable avizorar un aparato criminal detrás del escenario político, de los discursos oficiales y mediáticos, de las alianzas entre partidos y de los tratados internacionales. Esta actividad tras bambalinas donde se habla el lenguaje de las armas llega a ser característica de los movimientos transnacionales del crimen organizado, que no son para nada ajenos a los acontecimientos políticos, las manipulaciones electorales y las intrigas diplomáticas, como podemos constatarlo en la novela *Efecto tequila* del mismo autor (2004). Esta estrecha relación del crimen con funcionarios y poderosos nos lleva también a sugerir significados políticos de hechos que sospechosamente se ha insistido en despolitizar, como son los feminicidios y las ejecuciones del narco. Se trata de una política efectuada a través de la muerte, lo que Achille Mbembe (2003) llama *necropolítica*.

El sicario es un personaje central en el sistema de la necropolítica; su caracterización nos permite observar al fondo de un sistema que ha hecho del acto de matar una mercancía. *Nostalgia de la sombra*, de Eduardo Antonio Parra (2002), permite indagar en el proceso de formación de este sujeto. Esta obra se estructura alrededor del viaje del protagonista a su ciudad natal, Monterrey, después de diez años de ausencia. Este viaje trae a su memoria la historia de cómo, de ser un asesino circunstancial, se convirtió en un sicario.

El nombre de este personaje cambia constantemente a lo largo de la narración (Bernardo, El Chato, Genaro, Ramiro). Bernardo –su primer nombre– trabajaba como corrector en uno de los periódicos de Monterrey. Su salario era insuficiente para mantener a su esposa y dos hijos. Sin embargo, en las conversaciones nocturnas conyugales, él soñaba con convertirse en guionista de cine. En una de esas películas ficticias que le contaba a su esposa, un cacique rico le cede el poder a un narcotraficante, quien termina controlando a la oligarquía y a los funcionarios del gobierno local. La película de Bernardo sería un instrumento de denuncia de la corrupción del gobierno por los narcotraficantes. Él describe a los sicarios que sirven a los capos como feroces y brutales, sin saber que en el futuro también se convertirá en uno de ellos. Pero Bernardo no se ajustaría a esa caracterización. En su retrato como criminal, la novela no le atribuye ferocidad ni brutalidad, sino precisión, discreción, determinación y buenos modales. En *Nostalgia de la sombra* ser sicario es una profesión con muchas satisfacciones. La novela empieza con la aseveración "Nada como matar a un hombre". Matar define la identidad de Bernardo, al grado de que cambia su nombre a El Chato después de su primer homicidio. Tras el segundo se llamará Genaro, y en lo sucesivo cada asesinato determinará un nuevo nombre. Los cambios de nombre son momentos significativos en su vida y pueden ser comparables con los ritos de pasaje o cambios de identidad en las historias de prostitutas e inmigrantes. Bernardo no solo cambia su nombre; deja a su familia, se convierte en recolector de basura, indigente, preso y, finalmente, en asesino profesional al servicio de personas poderosas, administrado por Damián, un político fracasado que tiene éxito manejando una empresa dedicada a eliminar a los enemigos de sus clientes. Matar es un trabajo difícil que conlleva riesgo y requiere estrategia, autocontrol y disciplina. Todos estos términos implican una autocontención y sobre todo una autonegación.

Damián le encarga al ahora Ramiro matar a Maricruz, una corredora de bolsa en Monterrey que está a punto de cerrar un negocio donde hay lavado de dinero del narcotráfico. Ramiro viaja a la ciudad norteña vestido de hombre de negocios y pasa varios días observando los movimientos de Maricruz. Mientras recorre la ciudad, evoca su pasado como corrector de pruebas y pepenador. Recordar su identidad perdida, preguntarse sobre las alteraciones del paisaje urbano, esconder su persona y espiar a Maricruz son acciones en las que continuamente él se borra del tiempo, del espacio y de su propia identidad. Pero este borrarse no lo exime de su principal tarea: ver minuciosamente e interpretarlo todo. Ramiro lee la ciudad y a Maricruz, y a la vez se está leyendo a sí mismo a través de su memoria. Con esta caracterización del asesino como intérprete de cuerpos y espacios podemos sugerir que *Nostalgia de la sombra* propone que los sicarios son a la vez marginados de la comunidad y sus más atentos lectores.

Puede parecer inadecuado atribuir estatus de marginal a una persona con un alto ingreso, que vive en un barrio exclusivo y que trabaja de vez en cuando. ¿Cuál es el margen que habita Ramiro si no es para nada un hombre pobre ni pertenece a un grupo social en desventaja? No obstante, él está situado en un sitio que no ha sido legitimado por la ley ni por las normas sociales. Su marginalidad consiste en hacerse invisible e inaudible, aunque todo en él parezca tan visible como resonante. Lo que de él es visible no es él mismo, sino la identidad que ha de encarnar para ejecutar el asesinato en turno. Él no tiene su propia imagen ni su propia voz, dado que solamente está disponible para ser y hacer lo que Damián determine a fin de satisfacer a los poderosos. Se podría argüir que Ramiro ocupa un lugar privilegiado donde goza de poder. Este poder consiste en observar y conocer a sus víctimas para saber matarlas. Pone atención a sus más mínimos desplazamientos y elucubra por largas horas, en una actitud comparable a la del enamorado, que, de acuerdo con Gilles Deleuze (2008: 5-7), ejerce un acto implacable de lectura del ser amado, a quien ha colmado de signos a partir de los celos. Podemos decir que para Ramiro matar consiste en una lectura celosa de la víctima. Fernando Vallejo, en su novela *La virgen de los sicarios* (2001: 79), pone en boca de uno de los asesinos la palabra *enamorado* para referirse a la persona que trae un encargo de matar. Tener una presa de asesinato equivale a la intensidad de amar posesivamente.

El complejo desplazamiento de Ramiro por todas las capas sociales y por todos los espacios nos remite a uno de los géneros literarios de crítica social más clásicos: la picaresca. Más que una caracterización etnográfica o reflexión psicosocial, esta forma narrativa despliega una mirada política que le asigna un significado a cada uno de los componentes del tejido social en términos de relaciones de poder. El acto de matar se ejerce ahí donde la protección social y legal sobre los ciudadanos se ha cancelado. Quien ha sido seleccionado para el sacrificio ha sido también apartado de la protección del Estado. Esta cancelación selectiva de la protección oficial sucede continuamente en las narrativas de sicarios. Sus actos no son estorbados por ninguna fuerza de seguridad; ellos se mueven en un espacio que se abre a sus designios para que actúen libremente.

En el documental *El sicario. Room 164* (2010), dirigido por Gianfranco Rosi, un exsicario con el rostro cubierto narra cómo una parte de la policía local de Ciudad Juárez estaba contratada por uno de los cárteles para realizar ejecuciones o trasladar cargamentos de droga. De acuerdo con este testimonio, cuando el cártel requiere un servicio, se encuartela a los policías que no están bajo contrato con la mafia y salen en las patrullas los policías al servicio del narco para ejecutar las órdenes. De esta manera, quien haya sido elegido para ser eliminado no contará con ninguna protección policial. En su testimonio, este sicario anónimo revela el proceso de profesionalización en las academias de policía y escuelas del Ejército para quienes de antemano han sido reclutados por los cárteles. El documental nos muestra cómo el sicariato cuenta con respaldo institucional, desde el entrenamiento hasta la garantía de impunidad.

Sin embargo, la formación de sicarios no pasa por un proceso uniforme en estas narrativas. En *Nostalgia de la sombra*, Ramiro no pasa por las academias para aprender el oficio. Las circunstancias violentas de su biografía le proveen este entrenamiento. El primer asesinato que comete es en defensa propia y ante los ojos consternados de los transeúntes en una calle céntrica de Monterrey. Ser testigos de un asesinato impone una completa inacción a los testigos. Nadie puede intervenir. Y por encima de esta apatía y desvalimiento, la presencia de la policía no es deseable. Después de matar a tres hombres frente a la multitud, el futuro sicario tiene que huir de sí mismo, cambiar de nombre, convertirse en pepenador y cometer más asesinatos. Ramiro mata no solo porque lo tiene que hacer sino porque lo disfruta. Las páginas más ágiles son aquellas en las que Ramiro lucha hasta matar a sus oponentes. Las frases van y vienen en una vertiginosa descripción de golpes y fragmentos de cuerpo que logran mirarse en un parpadeo. El odio se describe a través de golpes, mordidas y heridas. El cuerpo se abre para mostrar su carne viva. Lastimar y aguantar se plantean como formas de placer, de manera que el asesino está convencido de que "nada es mejor que matar a un hombre". En su perturbadora contundencia, esta primera frase de la novela aborda la cuestión de matar más allá de las explicaciones socioeconómicas. Incluso cuando es incuestionable que Ramiro tiene que matar para preservar su vida o vengar abusos, también es innegable que mata porque halla placer en hacerlo. Esta doble valencia del crimen lo ubica en sus dimensiones económica y estética: matar no es solo útil sino bello.

Matar responde a una necesidad que requiere la excepción a la ley y la suspensión de las funciones del Estado para llevarse a efecto. Un espacio sin Estado se abre para ejercer la voluntad de aniquilar. El escenario del asesinato, como el del erotismo, es sagrado, de ahí su intensidad narrativa. Presenciar un homicidio paraliza a los testigos: tal es el estado del entorno social en la novela de Parra. Matar es un acto del cual no es responsable solamente el asesino sino también la claudicación del Estado y la inercia de la sociedad civil, incapaces de combatir el crimen. Ninguna instancia de las que componen el sistema de justicia es efectiva para garantizar la preservación de la vida de los ciudadanos. Dado que las condiciones mínimas de seguridad pública son inexistentes, Ramiro tiene que matar a aquellos que están prestos a matarlo, restableciendo una forma preestatal de convivencia humana basada en las relaciones de fuerza. El vacío de la función del Estado cancela la legitimidad de las instituciones y justifica los esfuerzos humanos para sobrevivir en medio de la violencia contemporánea donde el aparato de legalidad es obsoleto. Matar se entiende como un acto de ajusticiamiento que prescinde del Estado. La emergencia de esta cultura del homicidio instaura el acto de matar como una acción política. Por su reiteración, la muerte violenta ha llegado a naturalizarse al punto de convertirse en uno de los componentes del sistema neoliberal. Por lo tanto, es importante analizar los mecanismos que llevan a esta normalización para entender el papel del asesinato en los contextos de la política, la cultura y la economía.

Explicar el asesinato como un acto de ajusticiamiento o sobrevivencia es una forma de atribuirle sentido político a los eventos sangrientos. Pero estas razones políticas no ofrecen ninguna respuesta a la cuestión del goce de matar, es decir, al homicidio como un modo de representación y de disfrute estético que irrumpe en la cultura cotidiana de las últimas décadas. En la novela de Parra encontramos que tres asesinatos están representados como espectáculo. En el primero, Ramiro va caminando hacia la parada del autobús cerca de la medianoche. Varias personas deambulan por el lugar. En la oscuridad, Ramiro oye una voz que le pide un cigarro; él responde que no fuma, y acto seguido tres hombres lo atacan y le roban el dinero de su quincena. La narración se vuelve imprecisa sobre quién golpea, qué cuerpo está herido y quién es asesinado, hasta que por fin vemos el cuerpo de Ramiro emerger y apresurarse a huir a tumbos al oír las sirenas de las patrullas que se acercan. La gente solo mira. Nadie lo ayuda. Muchos de ellos estarían dispuestos a delatarlo como el asesino, incluso a sabiendas de que lo hizo en legítima defensa. La furia y brutalidad que contribuyen al éxito de Ramiro despiertan el *pathos* colectivo de los testigos.

El segundo pasaje donde el homicidio es un espectáculo sucede en el puente internacional de Nuevo Laredo. Aquí Ramiro mata a Gabriel, un pollero a quien recientemente había descubierto violando a una muchacha como pago por pasarla al otro lado del río Bravo. Ramiro trabaja como cargador, ayudando a los peatones que cruzan el puente hacia Nuevo Laredo. El pollero le pide que cargue dos cajas de whisky. Ramiro solo levanta una. Este incidente detona el pleito. Como en el primer evento violento, la gente no interviene, ni siquiera los agentes de Migración, quienes presencian la escena estupefactos. La violencia se describe como una intensificación de los sentidos: el cuerpo de Ramiro vibraba excitado, "la sensación de poder lo enajenaba" (Parra, 2002: 245). La reacción de los espectadores es de pánico y asombro. La cara de Gabriel yace desfigurada. "La adrenalina transformó a Ramiro en alguien superior a los otros que lo miraban mudos, sin respiración, con sus bocas y ojos abiertos" (Parra, 2002: 246). El asesino es intocable; él se ha ganado el poder gracias a la exacerbación de las emociones. El espectáculo es obsceno; el asombro inunda a la multitud, que permanece inmóvil en el puente, precisamente en el espacio donde semejante crimen es improbable. Tenemos que recordar que el punto de cruce entre los dos países se encuentra reforzado con un alto número de agentes de la seguridad fronteriza y un complejo sistema de vigilancia electrónica.

La aptitud del asesino se mide por la producción de adrenalina, lo cual enciende el coraje de consumar la muerte sin reservas. Ramiro posee un recurso inestimable, la capacidad física de producir estamina, un instrumento somático para manifestar la indignación. Su implacable furia adquiere el significado de cumplir con la justicia. Esta analogía entre furia y justicia se confirma en la cárcel, donde es condenado por matar a Gabriel. Ahí nos damos cuenta de que Gabriel solía trabajar para uno de los prisioneros, un sicario norteamericano al que llaman El Cóster, quien ha jurado venganza contra Ramiro. El pleito con este gigantesco criminal es el más difícil de la novela.

Los intestinos de Ramiro resultan dañados al grado de requerir una costosa reconstrucción, que paga Damián Reyes Retama, interesado en contratarlo como sicario.

Como en el primer homicidio –el de los asaltantes–, matar a Gabriel o al Cóster se interpreta como castigar al enemigo público. Podemos reconocer aquí la construcción cultural del héroe que ha prevalecido en los medios, donde la violencia es la forma de restablecer el orden social. La descripción de las peleas sugiere una estética de la violencia basada en la intensidad de los golpes, la erotización de la muerte, el asombro inefable de los espectadores; y por otra parte, podemos inferir su correlato ético: la implicación de que matar es necesario para evitar ser asesinado y para castigar a quienes abusan de los inocentes. Tras ser salvado y contratado por Damián, Ramiro tiene que matar sin preguntar por qué lo hace. Damián ofrece servicios de sicariato a individuos poderosos de la oligarquía, el crimen organizado y la política. Al convertirse en homicida profesional, las razones de ajusticiamiento y sobrevivencia como factores del crimen dejan de ser de su incumbencia. Ramiro forma parte de una maquinaria económica en la que matar produce ganancias.

Eficiencia empresarial del darwinismo social

En las narrativas criminales recientes, no solo la fuerza coercitiva se ha concentrado en favor del crimen organizado, sino el dominio de las redes de información y las bases de datos. La película *Nicotina* (Hugo Rodríguez, 2003) comienza con una llamada del Nene (Lucas Crespi) a Lolo (Diego Luna) para encargarle la base de datos de un banco suizo destinada a un contrabandista ruso. "Acceso directo a todas las cuentas, ¿podés o no podés?", le pregunta el Nene a Lolo. La transacción incluye contrabando de diamantes, infiltración cibernética y una organización criminal consistente en contactos sin exclusividad en los cuales participan mexicanos, argentinos y rusos. Nos encontramos ante un panorama radicalmente distinto del que presenta la película *El criminal*. Aquí la figura del cacique está diluida, las relaciones no se plantean a la manera del clientelismo, sino como una red de pactos fortuitos determinados por la conveniencia del sistema criminal. La fuerza dominante es la red del mercado, una estructura que asocia a los diversos actores de una forma más rizomática que jerárquica. En *Nicotina*, los criminales no se disputan los territorios ni encontramos el control centralizado en un cacique aliado al Estado. El Estado es casi inexistente: apenas es visible a través de los agentes policiales, quienes están ocupados en el narcomenudeo y el reconocimiento burocrático de los escenarios de crímenes. La destreza del héroe en esta película no se basa en el manejo de las armas, como en *El criminal* y en *El infierno*, ni depende del azar ficcional que favorece al ciudadano víctima, como en *Todo el poder* y *Conejo en la luna*, sino de la capacidad tecnológica de intervenir flujos de comunicación y penetrar los espacios de seguridad y de privacidad. Lolo infiltra las páginas de los bancos suizos y espía a su vecina con videocámaras conectadas a su computadora. Ella, una chelista española que vive en el departamento de junto, lejos de ser una propiedad disputada por los hombres (como en *El criminal*), es un eslabón de una cadena de relaciones con hombres que a la vez tienen otras relaciones, reproduciendo así la estructura rizomática que hemos señalado en la transacción criminal. Es significativo que la película tenga como protagonista a un virtuoso de la cibernética, quien escamotea la red bancaria, es decir, el flujo de riqueza, a través de internet. Esto no quiere decir que *Nicotina* haya resuelto el problema de la violencia o que se haya desvanecido la penetración del crimen organizado en la esfera del Estado.

La historia de la película sigue la estructura de un *thriller*. La vecina entra a casa de Lolo intempestivamente, y al constatar su voyerismo dispersa los discos compactos haciendo perdedizo el que contiene la base de datos del banco suizo que Lolo le vendería al ruso. En ese momento llegan el Nene y Tomson (Jesús Ochoa) para llevarlo a entregar la base de datos a cambio de un puñado de diamantes. Las acciones violentas empiezan cuando el técnico que trabaja para el ruso se da cuenta de que no le han entregado el disco correcto. El Nene le pide que le devuelva el disco; el técnico no lo hace de inmediato, y Tomson le dispara porque cree que está hurtando los datos de su computadora. Ahí comienza la persecución que producirá las emociones propias de un *thriller*. El ruso le dispara al Nene, Tomson le dispara al ruso, Lolo se esconde. El ruso corre herido y se refugia en una barbería. Tomson y el Nene llegan a una farmacia para que le curen a este la herida de bala. Mientras le cortan el pelo, el ruso hace una llamada para informar que trae los diamantes en la panza, sin precisar que se trata de la panza de una muñeca. El ruso muere en el sillón por hemorragia y la esposa del barbero propone abrirle el vientre para buscar los diamantes.

Esta película nos sugiere que cualquier ciudadano está virtualmente en condición de involucrarse en un acto criminal. La idea de crimen organizado se extiende a la virtualidad infinita que ofrecen las coincidencias, un término que se repite constantemente en los diálogos con Tomson. Basar las acciones en las coincidencias les resta heroicidad a los personajes. Al final, Tomson muere por un disparo que le asesta el farmacéutico cuando llega por el Nene. Este logra recuperar los diamantes, pero la esposa del barbero lo mata de un balazo, y finalmente Lolo es quien se queda con el botín disputado. La película termina de forma irónica: Lolo enciende la estufa para calentar agua, pero por accidente el recipiente se vira y apaga el fuego. El gas se expande por su departamento, de manera que cuando Lolo enciende un cigarro estalla el incendio. La reducción de la historia a hechos fortuitos no puede interpretarse solo como una solución estética a una historia de criminales que se persiguen por las calles oscuras de la Ciudad de México. Quiero proponer que se trata de una forma metafórica de representar la predominancia del sistema criminal sobre toda forma de relación de poder. Es decir, *Nicotina* nos lleva a imaginar una forma pospolítica de las relaciones humanas, en la que no son los líderes ni los antihéroes los que determinan el curso de los acontecimientos, sino la red abstracta de las circunstancias, de donde se puede concluir que de los negocios criminales nadie sale ganando.

La idea del criminal heroico de los corridos y las películas de los hermanos Almada queda reducida a la de decisiones impensadas de personajes antiheroicos. Más que subjetividades complejas capaces de ejercer poder sobre los demás, nos encontramos con una cadena de seres solitarios cuyos vínculos son establecidos por la conveniencia y el azar, donde la violencia tiene menos que ver con el honor y el resentimiento que con la oportunidad, en la larga cadena de atacar y de evadirse que caracteriza al darwinismo social. Según Horst Kurnitzky, el darwinismo social caracteriza a la economía del libre mercado, la cual impone formas de relación de poder donde el sistema de lealtades y favores de las organizaciones clientelares desaparece para dar lugar a la preeminencia del más apto (2000: 101). Sin embargo, es más preciso decir que las organizaciones de clientelismo que definen las formas locales de organización en México no desaparecen por completo, sino que se reestructuran formando una red atomizada de poderes acotados o mediados por la compleja cadena de relaciones y flujos que se extiende a lo largo y ancho de la geografía.

Aunque la maquinaria del crimen organizado es transnacional y se describe como una forma de integración económica que por lo menos significa una importante derrama de dinero en los sitios donde opera, las relaciones de poder que se establecen se dirimen en el ámbito local y de funcionarios menores, más que en las altas esferas de los gobiernos. Ricardo Ravelo (2007) observa que, tras la desarticulación de los cárteles de Cali y Medellín, la economía del narcotráfico funciona en Colombia mediante microempresas discretas de gran movilidad, eficiencia y profesionalización. La corrupción es más efectiva entre funcionarios menores y cuerpos de seguridad que entre hombres poderosos de gran visibilidad, señalan Víctor Ronquillo y Jorge Fernández Menéndez en su libro *De los Maras a los Zetas* (2007). Las economías locales se componen de empresas dedicadas al lavado de dinero, a la seguridad privada, al trasiego de estupefacientes y a la tecnología de falsificación de identidades, entre otras tantas falsificaciones, según lo relata Moisés Naím en el libro arriba mencionado. Los bancos son flexibles y los capitales fluyen del mercado ilícito a la economía formal sin ser advertidos.

Si, como hemos visto en *Nostalgia de la sombra* y *Nicotina*, la nueva imagen de los grupos criminales es la de empresarios eficientes y sofisticados que se organizan a través de redes flexibles y efímeras, donde se ha profesionalizado gran parte de las actividades que los conforman, podemos entonces atribuirles una capacidad de concertación que allane el camino hacia una sociedad libre de violencia. El primero de julio de 2007, la revista *Proceso* publicó un artículo de Ricardo Ravelo acerca de una reunión cumbre celebrada el mes anterior, en un sitio no precisado, entre los diferentes cárteles que operan en México, a la que asistieron representantes del gobierno. Un armisticio semejante se llevó a cabo en 1989, cuando el cártel de Juárez se encumbraba como la principal empresa del tráfico de estupefacientes en el continente. Esto parece estarnos hablando de una historia paralela a la de las luchas políticas. Es la zona de lo ilegal, donde se teje una red de relaciones que solamente podemos atisbar debido a los blindajes que la ocultan. Aunque la criminalización parece descargar de significado político a las mafias, estos acuerdos, reparto de influencias, compra de voluntades y, en suma, la construcción de un poder que obra al margen de la ley nos muestran que entre estos grupos se desarrolla una trama política que, pese a su invisibilidad, no es ajena a la historia en la que estamos inmersos.

Representar a los grupos criminales como entes políticos nos permite imaginar una solución concertada que nos pueda llevar al saneamiento de amplias zonas de inseguridad del continente. Abrir la oportunidad de resolver los conflictos políticamente parte de la comprensión de que la violencia no es sino el fracaso de la política, la suspensión de la posibilidad de resolver pacientemente los problemas que aquejan a la sociedad. Es posible apuntalar un consenso mediante la crítica de la violencia contemporánea: ninguna violencia es históricamente necesaria para la solución de ninguno de los problemas humanos. Esta posición se distancia de forma radical de la tradición filosófica que ha analizado positivamente la violencia desde el siglo XIX: como partera de la historia (Engels), como fundadora de derecho (Benjamin) o como instrumento de liberación (Sorel, Sartre, Fanon). La distancia aquí asumida pretende señalar un cambio de paradigma en la concepción de las políticas de liberación y de refundación del Estado. En la medida en que los proyectos revolucionarios que entretuvieron el discurso político en gran parte del siglo XX perseguían un proceso titánico de desmantelamiento del Estado burgués y la fundación de un nuevo Estado sobre la base de la reivindicación de los oprimidos, la violencia se concebía como un recurso necesario. Quiero argüir ante este proyecto, al que Jorge Castañeda (1993) ha designado *utopía desarmada*, que deja de tener prioridad en las agendas políticas que se organizan en torno a la seguridad y la defensa de los derechos humanos, que han traído a nuestra discusión una política no de desmantelamiento del Estado, sino de su recuperación por y para la sociedad civil: tal es el imperativo que nos ubica en contra de la violencia.

4

Subjetividad criminal e imaginario del terror: notas para una política de la muerte

....

Uno de los objetivos de la masacre justamente se realiza en este acto de desplazamiento de la identidad del sujeto. Su finalidad no se dirige necesariamente a la anulación de un sujeto particular sino al conjunto de resonancias colectivas que la muerte de este produce.

—JUAN CARLOS SEGURA, *Reflexión sobre la masacre*

....

LOS ACTOS QUE PRODUCEN terror rebasan las normatividades y marcos de comprensión al uso y nos sitúan en el plano de lo ininteligible, observa el filósofo francés Jean Nabert (1997: 16-17). Esto nos plantea que la normatividad en sí no puede tomarse como criterio de definición del mal, en la medida en que, como él observa, las acciones que rebasan lo previsto por las normas escapan del juicio moral. La comprensión del mal, entonces, ha de encontrar otras vías más allá de las normatividades instituidas. La filósofa mexicana María Pía Lara propone que la base para esta comprensión del mal sea la reflexión sobre las narrativas que describen la crueldad humana. Más allá del momento inefable en que la crueldad suspende nuestra capacidad de raciocinio, nuestro acto reflexivo extrae de las imágenes y emociones desplegadas en las representaciones de la victimización elementos suficientes para esclarecer las significaciones de los actos violentos (Lara, 2009: 39-40). Frente a la insuficiencia de la ley para conocer y, por ende, contener el mal, debemos considerar que los actos violentos están regulados por normas consuetudinarias que rigen las conductas de los sujetos, entre las que destacamos las normatividades de género. Lejos de contribuir a la reducción de los actos violentos, las expectativas de género articuladas en los trabajos aquí seleccionados constituyen un mandato social que resulta en la construcción de una subjetividad caracterizada por su destructividad. Estas yuxtaposiciones normativas nos permiten investigar el contenido estético-moral que se desarrolla en la literatura y las artes visuales referidas al contexto de violencia del crimen organizado en el México contemporáneo. Si la violencia es un mandato de género, lo es en el sentido de establecer modelos de masculinidad donde el goce de dominar provee de significado a la violencia, cuyo refinamiento e intensificación progresiva son expresión de poder.

El objetivo de este capítulo es indagar cómo se da sentido a la subjetividad de los perpetradores en las representaciones literarias, fílmicas y plásticas. La decisión de dañar a otro ser humano constituye nuestro objeto de discusión. La historia que narra la perpetración de la violencia es un caso particular desde el cual podemos interpretar y elaborar juicios sobre la acción dañina. Entiendo, entonces, los textos literarios, visuales y fílmicos como intervenciones públicas en torno a acciones humanas que producen terror e indignación: el terror es un efecto estético que *obnubila* el juicio y se resuelve en la inmovilidad y el silencio; la indignación describe la ausencia de dignidad, es decir, la ausencia de valor de lo humano, lo que se interpretaría como la pérdida de los atributos que lo significan, como un vaciamiento de designación, un estar fuera del sentido, esto es, fuera de lo que es inteligible. En ambos casos, mediante el silencio del terror o mediante la designificación del sujeto, asistimos a un punto inefable –el de lo indecible del sublime kantiano– que, al parecer, se resiste a la comprensión y, por ende, a la intervención racional que indague las vías de restablecimiento de la dignidad y la erradicación del terror. No obstante, es mi intención intentar una posible comprensión de la política que rige la subjetividad violenta a manera de remover el escenario romántico de lo inefable. Dominar violentamente es a la vez el cumplimento de un mandato, un goce y una adicción. Desde la narrativa neocostumbrista hasta las representaciones visuales de cadáveres, mantenemos la atención en normatividades, hábitos, procedimientos, prácticas, significaciones y silencios que nos permitan esbozar una interpretación ético-estética de la violencia en el México contemporáneo.

La costumbre de matar

Una coincidencia entre la escritura costumbrista y la temática criminal es común a la novela de bandidos del siglo XIX mexicano y la narrativa de la violencia contemporánea. El costumbrismo (junto con las narraciones policiales) ha sido la formación discursiva más recurrente de las narrativas delincuenciales; también es recurrente el hecho de que se le desdeñe como género de poca calidad literaria o literatura de consumo. En su prólogo a la edición crítica de *Astucia* de Luis G. Inclán, Manuel Sol Tlachi señala que las diferentes descalificaciones de esta novela se refieren a la falta de forma, la estructura difusa o el lenguaje incorrecto, todos ellos juicios que tratan de evaluar la novela con el rasero de una preceptiva literaria academicista. Sol Tlachi (Inclán, 2005: 54) hace notar, sin embargo, que en esta novela "no hay [...] ninguna ausencia de literatura, ninguna falta de forma, ninguna paradoja, ninguna contradicción" que respalden dichas descalificaciones. Se trata, en todo caso, de una obra que encuentra en la retórica del habla popular y en las transgresiones de las leyes las bases para una etnografía de los sujetos proscritos.

De manera semejante, la que se ha dado en llamar *narcoliteratura* ha despertado reacciones descalificadoras por parte de quienes establecen una distinción entre las obras que tratan como asunto central las actividades del crimen organizado y las que evitan tocar dicho tema. Así, en 2012 la revista literaria *Granta en español* decide publicar un número cuyo objetivo es "contrastar esta tradición [la de los escritores que eluden el tema del narcotráfico] con la imperante boga de escritores que abordan la violencia y asuntos colaterales aunque sea con tratamientos muy diversos pero que distorsionan la recepción de la literatura mexicana" (cit. en Núñez Jaime, 2012). Por su parte, la novelista mexicana Guadalupe Nettel expresa sobre la literatura que aborda la violencia del narco: "Me parece que en vez de arte se fabrican mercancías" (cit. en Núñez Jaime, 2012). Su poca calidad como literatura se funda en su comercialización, en ser tema de moda y "distorsionar la recepción de la literatura mexicana" (lo que implica que esta literatura ha distorsionado un deber ser de la recepción). Como la narcoliteratura, la prensa que se enfoca en la violencia recibe una crítica semejante: hace percibir una realidad que no es tan cruel ni tan violenta como la ahí representada.

Este paralelo en la descalificación del texto costumbrista y neocostumbrista sobre lo criminal (esta crítica también alcanza a la literatura policial que hemos examinado en el capítulo anterior) nos permite observar una estrategia de censura que trata de impedir el juicio crítico sobre los actos de crueldad que victimizan a una parte no pequeña de la sociedad.

Al argumentar que el costumbrismo mexicano se remonta a la pintura de castas del siglo XVIII, la historiadora María Esther Pérez Salas nos permite entenderlo como una etnografía de la diversidad de estamentos, cuyos detalles componen una red metonímica en la que los oficios, los códigos del vestir y la culinaria son más que decoración exótica, exuberancia o localismo conservadores; como acusaría Pedro Henríquez Ureña (1949: 132), es la codificación de un universo cultural en el que se producen y derogan las reglas de conducta diaria. La etnografía, nos dice el antropólogo David Graeber, nos descubre las formas alternativas de Estado o contrapoder en las sociedades marcadas por los sustratos coloniales (2006: 24-37). Estas formas de contrapoder emergen en contextos de ciudadanía precaria, destierro y sistematización de formas ilegales de economía y comportamiento social. Los trabajos de Nina Gerassi sobre los piratas y de Juan Pablo Dabove sobre los bandidos, a los que nos hemos referido al principio de este libro, nos permiten considerar estas transgresiones a la ley como formas culturales, políticas y económicas regularizadas, y no como meras condiciones de excepción o descomposición de las sociedades periféricas. Esta paradoja de la normatividad de la ilegalidad que nos plantea el texto etnográfico-literario caracteriza al costumbrismo como un discurso donde se cuestiona la efectividad de las leyes oficiales. De esta manera, más que un registro de lo exótico, exuberante o pintoresco de las sociedades cuasioccidentales, serían una representación de un mundo donde las leyes positivas y las normas de conducta cotidianas están en permanente discordancia. Me enfoco, entonces, en el cuadro de costumbres que se forma en la situación de precariedad estatal, la economía criminal y el paisaje social, donde los actos violentos se suscitan fuera de todo control de las instituciones. Las tácticas de resistencia y resiliencia de la colectividad ante los sistemas de convivencia violenta constituyen procedimientos, significaciones y criterios de regularidad (lo que se considera normal, o la norma consuetudinaria) que escapan de los previstos por las instituciones y los centros de poder. En este sentido, el texto neocostumbrista se plantea como un instrumento de conocimiento de lo que la crisis del Estado en el marco de la economía neoliberal y la hegemonía del crimen organizado ha configurado como realidad social.

El lenguaje del juego, de Daniel Sada (2012) –al igual que la película *El infierno*, revisada en el capítulo anterior–, nos ubica en el marco de la transformación de la economía rural mexicana en la primera década del siglo XXI: el momento en que la migración al país del norte ya no es una opción de vida y los migrantes regresan a buscar en sus lugares de origen otras formas de subsistencia. Valente Montaño ha decidido dejar la vida de riesgos que significa ser migrante ilegal en los Estados Unidos y fundar con sus ahorros una pizzería en San Gregorio, su pueblo. El relato del éxito tras años de sacrificios anima las primeras páginas, atravesado por ajustes en los roles de los miembros de la familia y una especie de moral del trabajo, el ahorro y el aprovechamiento del tiempo con vagas resonancias de la ética protestante de Max Weber. Las actividades criminales producen una derrama económica que beneficia a negocios como el de Valente. Este proceso satura la vida social de San Gregorio de eventos arbitrarios y demostraciones de fuerza de los criminales. Los grupos delictivos ocupan las calles del pueblo con sus alardes de supremacismo machista.

En una ocasión, un grupo de hombres armados amenaza de muerte a Valente solo por cobrarles cuando ellos se marchaban sin pagar. El desconcierto de esta escena nos permite visualizar las fracturas del orden social. Los hombres que ostentan camionetas BMW y se pasean por el pueblo con su música a todo volumen son una estampa del nuevo rico que nos remite a personajes de literatura costumbrista, precisamente los utilizados para caricaturizar los vicios sociales. Si en los personajes grotescos de Tomás Pérez de Cuéllar –uno de los autores costumbristas mexicanos del siglo XIX que se destacan por el uso de la caricatura– la ostentación del dinero del nuevo rico altera el decoro y la sobriedad criolla, y despliega los estragos de la perversidad urbana y la impertinencia moderna, en esta escena de Sada la caricatura del nuevo rico viene acompañada de improperios y amenazas de muerte:

> *¿A poco nos vas a cobrar, hijo de tu puta madre?* Y agregó: *¿Qué es lo que quieres?, ¿que te meta dos plomazos?* Valente se quedó mudo-atónito. Notoria inmovilidad de estatua. Estatuas también Yolanda y Martina. Estatuas los empleados. Estatuas los clientes. Mundo perplejo, sin aliento. Mundo: escoria. Ningún chasquido indiscreto. Parálisis mantenida hasta el momento mismo en que los sombrerudos abordaron su camioneta y arrancaron locamente. Luego el estremecimiento general: comentarios en voz baja. Tono casi enlutado, por ahí hubo sugerencias. Ir a la presidencia municipal a poner una denuncia, pero ¿contra esos? La ley en funciones (Sada, 2012: 55; las cursivas son del original).

Si las caricaturas del costumbrismo clásico constituían un gesto de escándalo por la falta de decoro y discreción, esta estampa de la ruralidad contemporánea transmite un gesto de pánico. La descripción reitera el estado de estupefacción ante el acto de no pagar, el insulto y la amenaza que dejan en claro que los criminales son los que dominan el territorio y los que deciden quién vive y quién muere. Se trata de tipos caricaturescos que hablan con improperios, que comen en desorden y llevan la música por el pueblo en alto volumen, pero todos esos aspectos que podrían inspirar burla resultan amenazas de muerte, lo que nos lleva de la sorna al *pathos*. Los trazos de la caracterización grotesca y chusca que ya hemos visto reiterarse en películas como *Todo el poder* y *El infierno* producen aquí un silencio de terror, la inmovilidad de saberse desprotegido. La descripción de Sada nos lleva por un lenguaje pasmoso: *mudo, atónito, inmovilidad, estatuas, perplejo, sin aliento, parálisis, estremecimiento*. Nada mueve a la risa. La caricatura no es en este caso un dispositivo cómico sino una alerta amarga de que se han desvanecido los paradigmas de un contrato social por el cual los criminales actuaban en el espacio clandestino, los gobernantes ejercían control sobre ellos y el dinero que se ostentaba en el pueblo provenía del trabajo de los migrantes. Ahora, los gobernantes actúan acotados por las organizaciones criminales, que ocupan el espacio público sin cortapisas, y los migrantes vuelven a causa del desempleo en los Estados Unidos. Los comentarios en voz baja confirman el desconcierto sobre qué se ha de hacer ante esta irrupción de fuerzas que imponen su voluntad sobre la población porque ellos son "la ley en funciones". El momento de perplejidad que describe Sada es también el develamiento de una verdad histórica: asistimos a un reemplazo de normas y soberanías. La ley son los criminales, por lo que denunciarlos, lejos de ser una opción, implica un riesgo, en tanto que las instituciones están dominadas por ellos. La inmovilidad y el silencio, la voz baja con que corren los acuerdos comunitarios, no son precisamente gestos de claudicación, sino tácticas con las que se trata de comprender el cambio de norma para de ahí pasar al establecimiento de conductas colectivas frente a los nuevos soberanos.

Los estragos del poder criminal alcanzan a la familia de Valente desde varios derroteros: Candelario, el hijo, sucumbe a la ambición y logra ser reclutado por los productores de droga locales, con tal suerte que, justo en los días de su iniciación, otro capo irrumpe en el pueblo y lo secuestra, con lo que Candelario se ve forzado a trabajar para él e impedido de volver a San Gregorio por temor a una revancha de sus jefes anteriores. La familia renuncia a seguir indagando sobre su paradero y prefiere darlo por desaparecido, aceptando la posibilidad de que se hubiera ido voluntariamente con los criminales. De hecho, Candelario trabaja en empresas de entretenimiento a través de las cuales realiza operaciones de lavado de dinero. Él ha concretado su sueño de pertenecer a la nueva clase de ricos, al grupo que domina económicamente y determina la política del Estado. La decisión de Candelario supone someterse al dominio del sistema criminal con el fin de gozar de privilegios y una vida opulenta, aunque esto suponga empeñar libertades como la de poder visitar a su familia.

Para el cronista Javier Valdez, adolescentes y niños, cuya crueldad es prominente en la prensa, se han formado para cumplir con automatismo las órdenes de sus jefes: "[...] solo están ahí como un utensilio de cocina, un objeto, un gatillo o un detonador: listos para incendiar y para matar" (2011: 18). Esta reducción a instrumento del poder criminal nos sitúa en el tema del carácter desechable de los individuos que ocupan el segmento más bajo y populoso de la pirámide neoliberal. Para Hermann Herlinghaus, los jóvenes que sirven al crimen organizado representan "los agentes desechables para la lucha por el poder económico y político de cuyos fines ellos son esencialmente excluidos" (2009: 114). Utilizables y descartables, lo que ha de entenderse no tanto como consecuencia de la sobrepoblación, sino como una forma de economía en la que se hacen disminuir los costos sociales a puntos de precariedad y se maximizan los beneficios del capital mediante la eliminación de privilegios materiales y simbólicos que reducen a los sujetos al carácter de instrumento y además los condenan a una vida efímera.

En este sentido, la entrada de Candelario a la vida glamorosa de los narcotraficantes ha de entenderse, sobre todo, como la entrada a la lista de espera de quienes con el tiempo serán desechados. Estos desechos útiles son cuerpos cuyas muertes tienen precio. Como en las distintas formas de esclavitud contemporáneas –entre ellas las víctimas de esclavismo sexual y los migrantes secuestrados para trabajos forzados–, podemos afirmar, junto con Melissa Wright, que la gran riqueza producida en el mundo globalizado requiere esa fuerza desechable de trabajo para subsistir (2006: 2). Entrelazadas en este sistema de desecho social encontramos expresiones de género, clase, raza y nacionalidad como marcas de desechabilidad. La economía del desecho convierte la subyugación en exterminio.

La novela de Sada refiere un feminicidio que nos lleva a comprender la subjetividad homicida y su relación con los mandatos de género. Martina Montaño, la hija de Valente, se va a vivir con Íñigo, un sicario que trabaja para el capo local, Flavio Benavides. En solo tres meses, las escenas de violencia doméstica se van recrudeciendo hasta que Íñigo la mata. El día fatídico empieza con que a él no le gusta el desayuno y por ello estrella el plato contra el suelo. Después de que ella le reprocha su "berrinche irracional", él la golpea hasta dejarla sangrando en el suelo y sale sin prestarle ayuda. Como puede, Martina detiene la hemorragia, y en sus elucubraciones sobre cómo mitigar la violencia de Íñigo decide que tendrá un hijo con él. Ella le comunica su decisión cuando vuelve, lo que provoca un nuevo altercado. "Entonces empezó la golpiza despiadada de él. Trasunto demencial bien imaginativo porque fue la cara de ella el asidero incontrolable: más, más, más, sin ninguna piedad atravesada" (Sada, 2012: 154). Tras esta segunda golpiza, Martina decide dejarlo, pero

"Íñigo, obnubilado, sin saber el porqué ni el para qué, le disparó a Martina cuatro veces" (Sada, 2012: 154).

En este pasaje, la violencia de género está estrechamente relacionada con la hegemonía de la organización criminal. La caracterización del asesino es inefable: sus actos carecen de racionalidad, e incluso se le describe como "obnubilado"; su capacidad de juicio se ha suspendido, o por lo menos ni él ni el narrador ni la víctima dicen saber el porqué ni el para qué de su acto homicida. Con esta descripción de un sujeto carente de autoconciencia respecto a sus acciones violentas, la narración nos sugiere que el acto de violencia se comete en un lapsus, una ausencia de vigilancia del homicida sobre sus movimientos, y la falta de conciencia se nos propone como un modo de comprensión del asesinato. Esta interpretación nos puede conducir a dos posibilidades de lectura: *a)* Íñigo no ha ejercido violencia desde su capacidad de discernimiento; es decir, su acto puede entenderse como cometido sin pleno uso de su raciocinio, lo que podría conducir a descargas de culpa en el juicio del lector y del propio autor; *b)* Íñigo es culpable de su acto en tanto que ha juzgado necesario asesinar a su pareja por razones que, en el juicio de la comunidad lectora (o el consenso social implícito en el texto), no son comprensibles como motivos de homicidio.

La primera interpretación nos recuerda el argumento del *pánico homosexual* que se ha usado en algunos juzgados para reducir la culpabilidad de los acusados de violencia homófoba y que Eve Kosofsky Sedgwick ha criticado como una de las formas en que los propios tribunales institucionalizan la homofobia (1985: 187). La patologización del victimario en la novela de Sada nos lleva, por un lado, a concebir al asesino como un sujeto que actúa y piensa de manera diferente a los lectores y al escritor, esto es, se construye con el propósito de no identificarnos con él y de esta manera establecer una línea divisoria entre la comunidad lectora –que vive en el espacio de la corrección moral y del juicio razonable– y los que actúan carentes de conciencia, los que toman decisiones *arrebatadas* –otro término que le resta al homicida el control de sí mismo; esto es, él ha sido arrebatado por una fuerza que no puede manejar–. La condena moral se diluye, así, en un discurso de exclusión biopolítica consistente en la patologización del perpetrador de violencia. Aunque podemos argüir que este pasaje es un despliegue de crueldad, cuyo efecto estético es aterrarnos por un acto reprobable e intolerable, el hecho de que se presente como irracional e involuntario no abona al deslinde de responsabilidades que ejercería un juicio moral sobre la violencia doméstica, sino que nos lleva por el camino fatalista de que esta violencia depende de fuerzas superiores a las posibilidades humanas de detenerla, equiparando la violencia de género con los desastres naturales: así, la violencia patologizada sería un fenómeno inevitable que sucede en el cuerpo de quien la comete. Por otra parte, al establecer esta línea de exclusión patológica, los lectores nos representamos como sujetos a salvo de caer en tales arrebatos. La narración, por tanto, no nos dirige hacia el juicio del acto sino hacia la autocomplacencia moral.

En la segunda posible lectura, el acto feminicida es reprobable pero incomprensible. Se dificulta darle sentido en la medida en que no contamos con un encadenamiento de causas y consecuencias inteligibles. La definición del mal como banalidad propuesta por Hanna Arendt (1963) puede aplicarse también a esta ininteligibilidad. No se trata de fuerzas patológicas superiores a la capacidad del sujeto para controlarse a sí mismo sino de una pérdida de la significación moral de los actos, una extinción de la densidad de la culpa. Y esto no necesariamente significa que dicha densidad se haya extinguido porque la estructura religiosa que ha determinado o dado sentido a los juicios morales se haya desvanecido; significa más bien que *a)* los códigos normativos de los actos no cuentan con un aparato de coerción institucional que los provea de efectividad, o estos aparatos de coerción están funcionando en contra de la norma que los define y los regula, como hemos visto a lo largo de este libro al hablar de las fuerzas de coerción estatal en México; *b)* los actos de crueldad no están contemplados en la estructura normativa: han rebasado lo que habíamos codificado como reprobable, según lo plantean pensadores como Lara y Nabert.

Pero hemos de reconocer que en los actos de Íñigo posteriores al asesinato de Martina se constata la fuerza de la ley que condena el asesinato. Él actúa con presteza y sigilo para deshacerse del cadáver. Elige una cañada situada lejos de los retenes y del tránsito de la gente. El *se me pasó la mano* con que explica el asesinato –la pérdida de control sobre sí mismo que acompaña a muchas narrativas de homicidas– contrasta con la conciencia de la ley que lo lleva a desaparecer el cadáver. Días más tarde, Valente Montaño le pregunta por su hija Martina a Flavio Benavides, el jefe de Íñigo. Acto seguido, Benavides va a casa de Íñigo para interrogarlo, hacerlo torturar, castrarlo y matarlo como castigo por haber asesinado a la hija de su "amigo". La saña con que los verdugos de Benavides castigan a Íñigo supera incluso la violencia que este había perpetrado en Martina. Tal es la ley que el feminicida estaba temiendo. No puede decirse, entonces, que exista completa impunidad en el contexto de la violencia del crimen organizado, sino que la función punitiva pasa a manos de los criminales. El lector que se ha indignado por el feminicidio puede encontrar en la muerte de Íñigo una forma de justicia. A los ojos de Benavides, se trata de retribuir a Valente por su sumisión, más que por un compromiso de amistad. De esta manera, el capo ejerce su soberanía en los asuntos de sus subalternos. La aplicación de la justicia aparece de esta manera feudalizada, dependiente de los pareceres y los vaivenes emocionales del jefe criminal.

De ahí se desprende que las organizaciones criminales proveen un marco de justicia a las comunidades sometidas a su control. La racionalización de las reglas que se desprende de esta dominación es precaria, en tanto que depende de circunstancias fortuitas, y no de una normatividad comprendida ampliamente por la comunidad.

Podemos, sin embargo, sustraer de los asesinatos de Martina e Íñigo un factor común: ambos muestran rasgos pedagógicos. Íñigo mata para que Martina aprenda a obedecer, cocinar, no irse; Benavides hace torturar y asesinar a Íñigo para escarmiento de quienes pretendan escapar de su control. Esta función pedagógica está presente en las numerosas ejecuciones relacionadas con el crimen organizado: los letreros que aparecen junto a los cadáveres lo dejan claro.

El asesinato de Martina alude a una práctica feminicida que ha estado presente en el imaginario nacional desde la década de 1990. Por lo menos dos grupos de perpetradores podemos distinguir en nuestro análisis de quienes cometen feminicidio: las personas relacionadas con las víctimas y los asesinos desconocidos, que en repetidas ocasiones se han identificado con grupos del crimen organizado e incluso como policías al servicio del crimen. Íñigo es a la vez miembro de un grupo criminal y la pareja sentimental de su víctima. Podemos entender esta coincidencia como un señalamiento respecto a una cultura de la violencia sexual desarrollada entre hombres dedicados a actividades criminales. En este caso, Benavides no puede considerarse un capo justo porque haya castigado con saña la muerte de una mujer y de esta manera haya reivindicado a los criminales frente a la opinión pública. Aunque el castigo ejemplar satisfaga el honor de la familia Montaño, a Benavides más bien le interesa mantener su poder a través del terror y de la protección a los incondicionales.

Visto desde las motivaciones que llevan a uno u otro asesinato, podemos entender que no se puede alegar en defensa de Íñigo que haya cometido homicidio involuntariamente, en un momento de obnubilación mental, ni que el asesinato de este a manos de Benavides y sus sicarios constituya un acto de justicia, aunque se presente como gesto justiciero. Lo que la crueldad expresa en ambos casos es el goce de ejercer el dominio sobre otro cuerpo. Para Kathleen Taylor, "'la crueldad' incluye *una conducta voluntaria injustificada que intencionalmente* causa *sufrimiento* a una víctima o [a] varias *que no lo merecían*" (2009: 22; las cursivas son del original). Aunque injustificada, la crueldad no podría considerarse una acción carente de sentido. Es una conducta voluntaria que persigue la satisfacción de disponer de la voluntad y la vida del otro mediante el exceso de dolor que se le inflige a manera de placer indiferente al sufrimiento: se trata de un *performance* del poder; la crueldad misma es la comprobación de que tal poder prevalece. Pero no es un poder que construya o haga posible la continuidad de la vida, sino el poder de aniquilamiento, la acción que produce la muerte.

Infligir dolor en otro cuerpo acusa rasgos hedonistas más que necesidades pedagógicas: Íñigo ha encontrado en el cuerpo de Martina un espacio para regodearse en su ira y afinar su indiferencia ante el sufrimiento. En nuestro análisis de *Nostalgia de la sombra*, de Eduardo Antonio Parra, hemos observado cómo la saña incontenible y el cultivo de la indiferencia ante el sufrimiento constituyen cualidades deseables de un sicario. Íñigo es un personaje construido también con estas características. La responsabilidad del hecho no empieza a vislumbrarse hasta después del acto homicida, cuando aparece la conciencia de la ley, aunque esta fuera la ley voluble del jefe criminal. Las escenas violentas se materializan con un despliegue de emociones intensas, indiferentes, irrenunciables o inabarcables. En las páginas que representan asesinatos lo sublime colma la descripción del cuerpo herido, como si una escritura indescifrable y sagrada se trazara sobre él. Nada banal hay, entonces, en matar; o por lo menos la banalidad que Arendt señala de los asesinos que no muestran culpa está supeditada a un imperativo estético: el dejarse llevar por la ira y el abandono al arrebato son actitudes que describen conductas violentas en este ambiente de normas relativas y fragmentadas.

Más que suspender el entendimiento de la subjetividad violenta, propongo revisar la sublimidad destructiva –el terror inefable que oscurece la conciencia de los hechos– en cuanto a su uso político. Si el sujeto feminicida alude a una falta de control de sí mismo y con ello pretende atenuar la condena moral y judicial, esta alusión ha de entenderse como una táctica de evasión de la norma. Pero esta evasión no es solo una artimaña para salir librado de cualquier castigo; también es un aspecto central de las prácticas misóginas, un procedimiento de reinstalación de la dominación masculina en un contexto en que los discursos sociales predominantes en la esfera pública, y que *grosso modo* caracterizamos como discursos derechohumanistas, desautorizan y pretenden erradicar las formas de relación asimétricas. En esta reinstalación se ejerce la fuerza como último recurso para mantener el dominio sobre lo femenino. La violencia feminicida deja de ser mecanismo de control de lo femenino para convertirse en su aniquilamiento. Íñigo aplica una pedagogía que no espera resultados sino que se instrumenta como método de exterminio.

La violencia de género no es un aspecto suplementario de la violencia del crimen organizado, sino su forma y sentido. Si bien los negocios ilícitos se definen desde el Estado como crimen organizado, las subjetividades que actúan en este ámbito se definen por su violencia, y la más gratuita de ellas, la que parece no relacionarse con tales negocios en sí, es la que se aplica en el terreno de lo sexual. Esta violencia se articula, pues, como parte constitutiva de la caracterización del victimario, encumbrado en una soberanía que se autocomplace en su capacidad de transmutar la sexualidad en violencia o de extender el plano de lo sexual al de lo mortal. Es en el ámbito de las organizaciones criminales donde se ha cultivado una forma de masculinidad entrenada en la furia y la crueldad[1]

....

[1] El entrenamiento en la crueldad como estrategia contrainsurgente y antiterrorista puede encontrarse en exoficiales de élite del ejército y la policía mexicanos, llamados *gafes*, y de Guatemala, conocidos como *kaibiles*, que han sido reclutados para las filas del crimen organizado desde los noventa. La violación y el asesinato de mujeres fueron práctica común de exterminio en la guerra civil de Guatemala; la volvimos a ver desde 1993 en Ciudad Juárez y en 1997 en la masacre de Acteal, Chiapas, y continúa en nuestra época en diversas regiones de México y Centroamérica (Ana Lilia Pérez, 2007).

envolviendo bajo el título de goce las acciones que llevan a estos sujetos a disponer de los cuerpos de los demás hasta su destrucción. En el caso de *El lenguaje del juego*, esta disposición de cuerpos se da de forma encadenada: Íñigo considera que el cuerpo de Martina le pertenece, por lo que matarla porque ella quiere irse es un acto necesario; Benavides castra a Íñigo para hacerlo confesar el asesinato y lo deja a disposición de sus verdugos, sus compañeros, para que continúen con la tortura "hasta que ya de plano lo creativo acabara en ensombrecimiento, entonces el balazo más adecuado [...]" (Sada, 2012: 173). Para estos verdugos, "el regocijo estaba en esas lentitudes dolorosas" (Sada, 2012: 172). Más que un mero acatar de órdenes, la tortura y muerte de Íñigo se presenta como un evento gozoso, que incluye un despliegue de métodos de tortura, el regocijo por hacer brotar sangre de la víctima y una fría indiferencia ante los ruegos de Íñigo de que lo maten de una vez para que el dolor cese. Extender el tiempo de dolor de la víctima, dejarla morir hasta que las posibilidades de tortura se agoten, aplaza el desenlace para mostrarnos que el matar se asume como un placer, un desplazamiento de Eros a Tánatos que nos permite asomarnos a la psique de los verdugos. Finalmente, el cuerpo de Íñigo, al igual que el cuerpo de Martina para este, es un espacio de producción de dolor, la expresión con que se impone el poder absoluto.

En su análisis de la tortura, Elaine Scarry observa que el escenario en que se inflige el dolor tiene como propósito "la producción de una ilusión fantástica de poder, la tortura es una pieza grotesca de drama compensatorio" (1985: 28). No es, entonces, la tortura una imposición del poder sobre otro ni un medio para mantener el poder, sino la ilusión fantástica del poder, una representación compensatoria en la que si algo se evidencia es el deseo de poder. De esta manera, el gran aparato violento que se despliega en México y que rebasa con mucho la exclusividad del Estado en el uso de la fuerza coercitiva, para extenderla a los poderes criminales, con todo y que ha esparcido el terror por amplias regiones, se reduce a una ilusión de poder. Aunque torturar y matar, en los dos pasajes referidos de la novela de Sada, no parecen tener objetivos ni políticos ni económicos, sí pueden entenderse como dispositivos de la fantasía del hombre de poder, construcción eminente del género masculino en su extremo intolerable que precisa el despliegue violento para encontrar la certeza de su identidad.

En el documental *Narcocultura* conocemos a Édgar Quintero, compositor del grupo BuKnas de Culiacán, quien canta a capela un corrido por el que le han pagado un fajo prominente de dólares: se trata de una descripción de la alta calidad de la droga, la satisfacción de los clientes y un estilo de vida ostentoso, haciendo hincapié en marcas de autos y armas, bebidas y mujeres, todos componentes de un retrato del mafioso que vamos a ver proliferar en sitios web como *El blog del narco*. Estamos, pues, ante el narcocorrido como celebración de una cultura del exceso, la ostentación y el terror. En otra secuencia, Édgar pasea con su bebé por la calle cantando la más conocida de sus piezas:

Con cuerno de chivo y bazuka en la nuca
volando cabezas al que se atraviesa
somos sanguinarios, locos bien ondeados
nos gusta matar.

En una calle pacífica de Los Ángeles y en compañía de un bebé, la descripción de la decapitación y la declaración del goce de matar trivializa el hecho de crueldad que narra. Básicamente, se trata de una canción donde el cantante toma la voz del sicario y promueve sus habilidades para matar, sobre todo su frialdad, eficiencia y lealtad al jefe. Se trata, en todo caso, de la configuración de un personaje tipo, el modelo del sicario deseable. Las emociones aparecen disociadas de los actos. Édgar ejecuta sus canciones con euforia mientras gesticula imitando a los homicidas mercenarios, donde convergen el erotismo y el placer de matar. Las escenas se alternan entre las actividades de los cantantes y la ejecución de crímenes en Ciudad Juárez. Ahí, uno de los convictos del Cereso (Centro de Readaptación Social) que fueron entrevistados declara: "Tienes que hacerte frío, no tienes que tener compasión con otra gente", tras narrar cómo torturaba y mataba a los que sus patrones le asignaran. Ser frío es una habilidad central para el trabajo de hombre violento.

Todo parece, entonces, correr a favor de la ideología implícita en el mercado ilegal: poder a través del dinero, goce del privilegio de la impunidad y una representación pública como fuerza de terror que posibilita un sistema depredatorio. En su análisis de los afectos en el *Antiedipo* de Deleuze y Guattari, Jason Read (2014) señala un proceso de reducción en el sistema capitalista que nos permite explicar la desechabilidad que sustenta a este sistema de depredación: "[...] una crítica general de la reducción total del nivel del afecto al consumo y la representación, la reducción de la intensidad a la extensión, una producción para la representación". Todo afecto posible en las prácticas de violencia sexo-genérica se reduce al consumo, literalmente a la extinción de un cuerpo en favor de la satisfacción de los consumidores-depredadores. La violación y muerte de una víctima para expresar el afecto del odio es en sí una satisfacción donde se ejercen emociones intensas, que han superado intensidades previas, en una economía de la crueldad que requiere esta escalada para alcanzar su objetivo. Esto es, el poder es medible en la intensificación de la crueldad. El afecto que se genera en la lógica de la producción y el consumo es el cinismo: el cinismo es indiferente a los axiomas que reproducen la vida, "el reconocimiento de que el flujo del mercado no significa nada, no tiene justificación, sino es su efectividad bruta" (Read, 2014). En su vaciamiento moral, el acto justificado solamente por la lógica del mercado no es más que manifestación de una doble pasividad: la del Estado ante el mercado criminal y la del propio individuo que consume violentamente (o que consume violencia, sus emociones extremas, sus privilegios simbólicos) sujetándose a una norma de deseo que lo constituye a partir de priorizar el goce cínico sobre cualquier otro tipo de afecto. Entender el exterminio de las mujeres desde la perspectiva del imaginario del consumo establece una relación de continuidad entre los signos de la ostentación de la *narcocultura* y el exceso homicida, comprendidos bajo la noción de bienes de consumo. Frente a la precarización de la fuerza ciudadana para contener la acción violenta, los depredadores ostentan un poder destructivo que parece no tener límites.

El género de lo criminal

La cuestión del género en su relación con el crimen organizado se arraiga en una de las problemáticas más preocupantes en la sociedad latinoamericana contemporánea. Es difícil desligar la victimización de las mujeres de las organizaciones criminales en gran parte de los casos de feminicidio que se han perpetrado en el continente (Domínguez y Ravelo, 2003: 129). Este modo de victimización acusa la socialización de una cultura de la sexualidad violenta que forma parte de los ritos de iniciación y de las prácticas de consolidación de la dominación masculina que encontramos reiteradamente en las narraciones referidas a las organizaciones criminales.

Otra de las formas en que las representaciones del crimen organizado nos remiten a un factor de género la podemos observar en el papel que ha desempeñado la mujer en varias gestas del narcotráfico en corridos, películas, series televisivas y novelas. Se trata de conferirle protagonismo a los personajes femeninos mediante una especie de travestismo en el que es ella la heroína de una serie de acciones que tradicionalmente han sido ejecutadas por los hombres: Camelia la Texana, Perdita Durango, Rosario Tijeras y Teresa Mendoza la Reina del Sur son personajes arriesgados, crueles, sagaces, fuertes e insensibles, de manera que puede hablarse de una caracterización que ya hemos visto aplicada a los personajes masculinos violentos; se trata, por tanto, de una masculinización impuesta por el sistema criminal. Al asignarles las funciones de protagonismo, las narrativas sobre el narcotráfico no proponen una feminización de las actividades criminales sino una masculinización de las mujeres, de manera que se sigue considerando el binomio masculino/femenino como un factor definitorio de la estructura de género en este ámbito.

Sin embargo, podríamos problematizar esta asignación de la violencia al género masculino y la no violencia al género femenino, por tratarse de una visión maniquea que no logra explicar en todos sus matices la participación femenina en el contexto de las sociedades criminales. Digamos que masculinizar la violencia y feminizar la no violencia acusa un enfoque reduccionista que en general la narrativa neocostumbrista pondrá en cuestión. La novela *Como cashora al sol*, de Rosina Conde (2007), nos permite observar la violencia ejercida por los hombres en el espacio doméstico y en el escenario de las luchas entre organizaciones criminales; pero ante todo nos deja ver las tácticas de sus compañeras sentimentales para negociar su posición en el sistema criminal. Dichas tácticas nos permiten hablar de una colaboración indirecta de la mujer en la violencia desde el seno familiar, donde se generan normas de conducta y formas de resistencia a estas que describen las relaciones privadas entre los miembros del crimen organizado.

La novela, narrada en un estilo coloquial, subraya las relaciones sentimentales sobre las actividades criminales y los escenarios domésticos sobre los públicos. En ella encontramos mayormente diálogos sobre asuntos familiares; de manera que siendo una novela enmarcada en la vida privada de los narcotraficantes de los sesenta en Tijuana, carece de la estridencia épica que por lo regular encontramos en este tipo de narrativa. Digamos que la historia de *Como cashora al sol* transcurre tras bambalinas, fuera de la escena bélica que el imaginario sobre el crimen ha privilegiado: la del *thriller* masculino basado en la producción de emociones vengativas que terminan en carnicerías exorbitantes, como en los corridos y en las películas populares de narcos y policías. Al igual que en *El criminal* y *Nicotina*, notamos cómo la intervención de las mujeres es un factor que interrumpe el curso de las acciones violentas en las que están comprometidos los hombres.

El hecho de que la novela de Conde se mantenga en el marco de lo cotidiano la ubica en la estética neocostumbrista, con un regodeo en los detalles que decoran la experiencia ordinaria y que evocan los escenarios de las novelas decimonónicas sobre bandidos. El cuadro de costumbres que constituye gran parte de *Como cashora al sol* sugiere la normalización de lo criminal, en tanto que las actividades ilegales se presentan como parte de lo habitual en la sociedad fronteriza de los sesenta y de décadas posteriores. En esta novela, la participación de las mujeres es determinante para establecer un orden moral que sirve como muro de contención al despliegue violento de los hombres, pero también justifica las acciones criminales en aras del bienestar familiar. El costumbrismo de Rosina Conde se constituye como un andamiaje imaginario dominado por la normalización de las actividades criminales y el rechazo de los actos de abuso que no abonan a la preservación de la economía y la cultura domésticas. Es decir, el mundo normalizado del patriarcado, en el que las mujeres organizan la casa y se esfuerzan por resignarse al sometimiento y al desamor de su pareja, se presenta en esta novela como una de las condiciones que contribuyen a una resignificación de las actividades criminales en el plano de lo que llamaríamos la *Realpolitik* del microuniverso doméstico, este ámbito de las cosas como tales (el diccionario Webster aclara que la raíz *Real* de esta palabra alemana se refiere a las cosas tal como son, en oposición a una teorización de lo político). En este sentido, la crítica de género se orienta hacia la deconstrucción de la lógica de las luchas por el dominio de territorios y rutas, o por deudas de honor, desde la perspectiva pragmática de la organización familiar, con la inclusión de las negociaciones y adaptaciones de las normas patriarcales tradicionales, las redefiniciones de las creencias religiosas y las disputas suscitadas en el ámbito de las relaciones sentimentales, todas ellas mediadas por el estado de cosas que los negocios criminales imponen.

La novela narra la historia de María Antonieta (Tony), quien se casa con Pedro, copropietario con el Beiby de un taller mecánico. Aparentemente, ellos se dedican a restaurar autos antiguos para clientes de California, pero el lector descubre desde los primeros capítulos que Pedro y el Beiby trafican con mariguana, corrompen a la policía, realizan ejecuciones y de paso cobran agravios personales con torturas y asesinatos. La hermana de Tony, Cristina, se casa con Miguel, un ciudadano estadounidense de origen mexicano, desertor de la guerra de Vietnam y adicto a drogas fuertes que lo hacen alucinar y agredirla. Por su parte, Tony vive atormentada por la certeza de que Pedro ya no la desea y que tiene una amante. En efecto, Pedro no solo anda con Cecilia, la secretaria del Beiby, sino también con una agente de Migración que le ayuda a pasar droga al otro lado de la frontera. Además, Pedro recurre a la violencia contra su hijo cuando este no deja de llorar debido a las reiteradas discusiones entre la pareja, por lo que Tony ha decidido dejarlo; pero su madre, doña Carmen, la conmina a mantenerse junto a él y la alecciona sobre cómo tomar su lugar de madresposa (Lagarde):

–Y tú debes apoyar al marido *en lo que sea*.

–¿Cómo que en "lo que sea"?

–*Aunque no te guste*, mi vida. Por algo te casastes con él.

–¿Cómo que aunque no me guste?

–Bueno, ¡y qué!: ¿piensas separarte de él?

– ...

–Al marido no se le cuestiona.

–Sí mamá.

–Es el jefe de la familia.

–Sí mamá.

–Y tu deber es callar.

–Sí mamá.

–Si no, tu propio hijo te lo va a reproshar despúes. Él es hombre, y finalmente, se entienden entre ellos (Conde, 2007: 186-187; las cursivas son del original).

El énfasis puesto en las frases *en lo que sea* y *aunque no te guste* exhibe la intransigencia materna en el reforzamiento de las normas patriarcales. Como señala Lindsey German, es frecuente que las mujeres sean las que insistan en la estricta observancia de los papeles de género; tal es la educación que imparten las madres a sus hijas (1997: 157). Según doña Carmen, el apoyo irrestricto al esposo es de mayor beneficio que la rebeldía en su contra, y en su condición concreta de mujer de extracción humilde que no tuvo acceso a la educación, las opciones para Tony son poco remunerables: mesera, sirvienta, obrera de maquiladora, costurera o prostituta. Sus pretensiones, en cambio, parecen no conformarse a las de una mujer de su condición social. Pedro es un mecánico que gana mucho dinero con el tráfico de mariguana, y doña Carmen ve en el matrimonio de Tony con él la posibilidad de ascenso de clase. Claramente, las relaciones de género se ven atravesadas por las relaciones económicas y han de estar en este contexto condicionadas por el crimen organizado.

En una entrevista concedida en agosto de 2009, Rosina Conde afirma que el patriarcado solo puede explicarse por el ejercicio de la violencia. La sociedad, entonces, se rige por un sistema que se caracteriza por la dominación de los hombres sobre las mujeres. La asociación de la violencia del crimen organizado con el patriarcado es obvia; no falta más que decir que el crimen organizado sería una manifestación de cómo el patriarcado se ha rearmado para mantenerse en la posición dominante mediante pactos (Celia Amorós,

1985) o acuerdos homosociales en torno a los cuales se agrupan los hombres para desarrollar estrategias de control de ellos mismos y de los sujetos que someten a su dominio (Eve K. Sedgwick, 1985). Los delitos que se atribuyen a las organizaciones criminales parecen estar enfocados en pleitos de *vendettas* y de control del mercado ilegal, y muy poco asociados a las relaciones de género. Sin embargo, podemos ver en todas estas acciones violentas el *performance* que escenifica la ficción del poder masculino, de manera que el del crimen organizado es un drama que actualiza y lleva a sus extremos la cultura machista.

En la novela de Rosina Conde podemos por lo menos encontrar cuatro formas de violencia que acusan uno u otro aspecto del poder patriarcal: la que se da por motivos estrictamente relacionados con el negocio del narcotráfico (la tortura y el asesinato del Hasha), la que se aplica por rivalidades con respecto a las mujeres (el castigo de Miguel por parte del Beto), la del marido que castiga a la esposa por supuesto incumplimiento de su deber (el que le impone Miguel a su esposa) y la que Pedro aplica sobre su hijo porque este no deja de llorar (que se entiende como un castigo ejemplar para educarlo como hombre).

La tortura del Hasha debe plantearse como una práctica punitiva propia de las relaciones que se dan en la homosociedad mafiosa. El que traiciona la norma no escrita pero sí bien vigilada de la lealtad habrá de pagarlo cruelmente. Se trata de un deber que los miembros del grupo criminal cumplen no solamente por obligación sino con entusiasmo. Aquí la crueldad debe entenderse también como confirmación de la pertenencia al grupo. El Hasha es un soplón y Pedro envía al Beto y al Toño a torturarlo y matarlo. Estos encuentran en la tortura motivo de entretenimiento. Al igual que en la tortura de Íñigo en la novela de Sada, la relación entre compañeros se pasa por alto para darle prioridad al goce de infligir dolor a quien ha caído en desgracia. Pero la novela no nos da detalle de la tortura, solo nos la deja ver en comentarios alusivos y una nota del periódico que es suficiente para señalar la crueldad: "[...] se hallaban atados de pies y manos y con visibles marcas de tortura realizadas con navaja de rasurar en el vientre y los testículos" (Conde, 2007: 207). El corte nos sugiere una forma de castración: acto que se dirige a la extinción del sujeto en términos lacanianos (Salecl, 1998: 148). El Hasha queda como cuerpo vacío de subjetividad, se ha vuelto no solo inútil sino desechable, exterminable. La tortura es una forma de expulsión de la mafia. Con ella se rompe el estatus de pertenencia. Incurrir en la violación al principio básico de la lealtad que cohesiona a estas organizaciones tiene como respuesta, más que una expulsión, el aniquilamiento mediante una crueldad a la vez ritualizada y erotizada. La tortura ha de entenderse como una operación humillante y gozosa que culmina en la muerte. El ritual termina con la humillación pública; la exhibición del cadáver como víctima de una venganza es un *performance* que invoca un juicio condenatorio: se lo buscó, se lo merecía.[2]

Bajo el efecto de enervantes, Miguel alucina que los fideos que le sirvió Cristina, su esposa, son gusanos, por lo que hunde la cara de esta en el plato hasta producirle quemaduras. Ella aparece como prenda en disputa en la mente del Beto –quien como muestra de su amor le había prometido a Cristina defenderla y castigar al que le hiciera daño como muestra de su amor–, aunque para Miguel no estén claras las razones por las cuales es torturado. En este caso, toda la red de hombres, no solo los que son parte del grupo criminal, están de acuerdo con el escarmiento (incluido Pedro, que es concuño de

....

[2] En la película *Heli* (Amat Escalante, 2013), encontramos una de las representaciones de la tortura más memorables del cine mexicano reciente. En ella se pueden apreciar tres momentos: la captura de los sospechosos, su interrogatorio a golpes y la decisión de ejecutar a uno de ellos y, por último, la exhibición del cadáver en la vía pública. En ella podemos ver cómo se imbrican el goce de la crueldad con la imputación de una culpa y el escarmiento público.

Miguel, y don Elías, su suegro). Sin embargo, Cristina, Tony y doña Carmen reprueban el castigo. Pedro y el Beto le trazan el rostro a Miguel con heridas de navaja que semejan escamas de pescado. De nuevo, vemos el uso de la navaja para trazar marcas en el cuerpo, usado como un lienzo para escribir el dolor y ejercer la castración simbólica. Tánatos y Eros confluyen en un acto que somete al cuerpo, extingue el fantasma del sujeto y refuerza el cumplimiento de la ley criminal/patriarcal o lo que en otro trabajo y aquí mismo hemos denominado *lumpenmachismo*: lo que define a la dominación masculina en el contexto de la hegemonía del crimen organizado, donde se exacerban las formas de victimización (Amador y Domínguez, 2012: 263). Reducción de la ley del Estado, imposición de normas criminales y espectáculo de la extrema crueldad como una pedagogía del terror: tales son los elementos que hacen posible la supremacía del lumpenmachismo.

Aunque no sea una tarea realizada en función del negocio ilegal, es claro que la tortura de Miguel responde al mismo principio de castigo contra el que se desvía de la norma criminal-homosocial, con el mismo método violento, así como con los mismos perpetradores. Es decir, el sistema de tortura y ejecuciones que identificamos con el crimen organizado tiene más que ver con una cultura de la violencia que se expande a diversos ámbitos y motivos, que con la lógica del mercado ilícito en sí mismo. Las historias que encontramos en lo que podemos llamar literatura del narcotráfico en México nos confirman que el sistema criminal se puede concebir como una maquinaria que se ha diversificado y expandido a casi todos los sectores de la sociedad. La ejecución de castigos ejemplares, secuestros y asesinatos se ha constituido en un negocio independiente del narcotráfico; por ello es importante expandir la mirada más allá de la saga del narco hacia la dinámica de una sociedad donde matar se ha convertido en un servicio accesible a quien tenga el poder de contratarlo, como lo hemos observado en la novela *Nostalgia de la sombra* de Eduardo Antonio Parra. La novela de Rosina Conde no llega hasta este desarrollo posterior, pero puede mostrarnos la génesis de tal economía de la muerte. En este sentido, me importa destacar la caracterización del victimario, sobre todo en el aspecto de las motivaciones que lo llevan a la violencia.

La agresividad de Miguel está ligada al consumo de drogas, pero su contenido lo determina la concepción de que la mujer debe ser castigada por no atender correctamente al esposo. Al igual que en la novela de Sada, la comida es un factor detonante de la escena de violencia doméstica. También en este perpetrador encontramos el rasgo de irracionalidad que atenúa su responsabilidad. En efecto, Cristina justifica la violencia de su esposo, ya sea porque es la primera vez que la ejerce contra ella y está bajo el efecto de las drogas (Cristina también es una adicta), o bien porque ella cree que no tiene otra opción que soportar esa situación, dejando ver el factor de la dependencia económica como perpetuador de este tipo de violencia. De hecho, Cristina se disgusta con Tony porque piensa que ella es cómplice de la tortura de Miguel.

La escena en que Pedro golpea a su hijo es la culminación de una situación de continuas discusiones con Tony, surgidas porque él pasa muy poco tiempo en casa con el pretexto de que tiene mucho trabajo y porque no muestra interés en tener relaciones sexuales con ella. El niño llora cada vez que estas discusiones lo despiertan. Pedro lo golpea para enseñarle a no llorar, es decir, para que se haga hombre. Doña Carmen aprueba esta actitud porque para ella es primordial que el hombre de la casa se dé a respetar. Además de ser justificada por la irracionalidad del sujeto violento, un estar fuera de sí que vimos en el apartado anterior, la violencia se aprueba como método pedagógico. El aprender a cocinar –que ha de interpretarse como aprender a someterse a la irrupción de la violencia de este sujeto voluble– y el enseñar a no llorar –que arraiga el terror al padre en la conciencia del niño– son finalmente recursos de preservación del dominio por la vía de la violencia física.

La cuestión de si el perpetrador de la violencia actúa impulsa-do por un desequilibrio que le nubla la mente –esa patologización que atenúa la condena y desplaza el sujeto de la disciplina judicial al ámbito de su medicalización–, o si en cambio la violencia es la expresión de la normatividad machista en un sistema de dominación criminal es la disyuntiva que presenta la caracterización del hombre violento. Sin embargo, tanto la violencia sexual e íntima como la que se aplica a título de castigo ejemplar y de reforzamiento de las reglas criminales no podrían entenderse sin la referencia a la normatividad de género que les da sentido.

Matar es necesario

Al comentar la ola de violencia feminicida y violencia homófoba en México, Carlos Monsiváis enumera cuatro componentes que le son comunes: "*a)* [los asesinos] no conocían previamente a sus víctimas; *b)* el asesinato fue un acto de placer homicida, porque el propósito último, evidente, era destruir a la especie representada por la persona indefensa; *c)* el odio explica la cuantía y la profundidad de la saña; *d)* los delincuentes carecen de remordimiento" (2010: 111).

En los casos de asesinatos seriales misóginos y homófobos cometidos por victimarios que no conocían a la víctima, el homicidio no está determinado por actos, actitudes, opiniones o creencias de esta. La subjetividad de la víctima no desempeña ningún papel en la relación violenta. El victimario tiene, entonces, motivaciones que pueden deducirse de la misma elección del cuerpo victimizado: su edad, su raza, su sexualidad, los rasgos de pertenencia a determinado grupo social, formas, gestos, movimientos, su entorno –pues el espacio que lo rodea forma también parte de la semiótica del cuerpo–. Entendemos entonces que el victimario atiende a una codificación del cuerpo sometible. No mata cualquier cuerpo, sino aquellos que se han clasificado como eliminables. Monsiváis cita a algunos asesinos que matan por odio homófobo para sugerir que ellos fundan su motivación en el discurso hegemónico de género: Marroquín Reyes, el sádico, dice que hacía un bien a la sociedad al secuestrar y asesinar homosexuales. En sus investigaciones sobre violencia doméstica, Gloria Careaga alude a motivaciones reivindicativas de la dominación masculina en el discurso de los asesinos (comunicación personal). Las mujeres han dejado de cumplir con las expectativas de género y a sus ojos merecían el castigo. No contamos con el discurso de los asesinos seriales que gozan de impunidad por los feminicidios de Ciudad Juárez; no podríamos asomarnos a su subjetividad porque los esfuerzos del aparato oficial se han empeñado en ocultarla.

¿Cómo les llaman los victimarios a sus víctimas en los casos de violencia sexogenérica? El proferir la injuria pornográfica arrojada como gesto de lujuria y de dominio cumple la función de una sentencia que es euforia sexual y tanática. Matar por odio de género es una escenificación de cuerpos que despliegan el *performance* de la humillación, placer de destruir a la especie femenina y a todo lo que no cumple con los rasgos de la masculinidad dominante. En este sentido, el asesinato de odio feminicida es también un genocidio, y más aún un crimen contra la humanidad, la de la víctima, que materializa la muerte y la del victimario, quien con este acto se deshumaniza a sí mismo. El pánico cuantitativo de la saña aplicada no solo puede leerse en el último estertor del cuerpo moribundo, sino en esa carencia de remordimiento que distancia al asesino de la significación de su acto. Cuando el asesinar carece de culpa, además de la ley se derogan las líneas que definen lo humano. Lejos de un simple acto excepcional, estamos ante una voluntad sistemática de destruir a la especie. Entiendo la deshumanización del victimario como un proceso de pérdida del sentido de las significaciones morales y políticas. La ausencia de valor de la vida humana, avalada por omisión desde las instituciones, trasciende lo colectivo para resultar en una ausencia de las bases que sustentan al Estado.

El odio es un mandato diseminado colectivamente a manera de un deber y como un deseo: se infunde como una orden y se asume como una proclividad, como adicción o fanatismo. El odio se impone como una consigna de humillar y devaluar a la víctima. Al hacer del sujeto odiado un objeto de destrucción, se le convierte en desecho, basura, materia repugnante que se arroja a la vía pública a manera de insulto y escarmiento. Esta devaluación de la víctima evita el remordimiento: el exterminio del sujeto odiado es necesario dada su carencia de valor (des-precio) y su condición de *lacra* (término que a la vez designa miseria moral, desecho social y enfermedad), por lo que matar es una puesta en práctica de la abyección. En una cultura del odio, la de-valuación o des-precio funciona en varios sentidos: como la pérdida de la efectividad de las normatividades morales; como la pérdida de las capacidades físicas de ejercer voluntad y autonomía (se actúa bajo coerción, por obedecer órdenes por el lado del que odia; y se es no-persona, con la voluntad suprimida, en el caso del odiado, que se describe como sujeto desechable, abyecto); como pérdida de valor económico (seres eliminables en cuanto se agoten las posibilidades de extraerles ganancia económica: trabajadores de maquiladora, esclavas sexuales, mujeres asesinadas, migrantes, ejecutados).

Uno de los testimonios más reveladores del documental *Señorita extraviada*, de Lourdes Portillo (2001), es el de María, una mujer que había sido detenida en Ciudad Juárez por una riña ocurrida en su barrio debida a disputas por la propiedad. Ella nos cuenta cómo al estar detenida en la Cárcel de Piedra se resistía a la violación por parte de los policías. Por eso, con la intención de amedrentarla, ellos le mostraron una serie de fotografías donde se veía a varios hombres violando y asesinando mujeres a manera de divertimiento:

Me dice uno de ellos: "OK, ¿quieres que te llevemos a Lomas de Poleo?".[3]
Y se sale, ¿no? Se sale él y va y trae el portafolio. Y llega y me avienta el

[3]   Paraje emblemático de Ciudad Juárez por ser el sitio de hallazgo de varios cadáveres de mujeres.

portafolio así. Y luego lo abre y me empieza a aventar las fotos así, todas.
Y entonces las miraba yo y las miraba. Y entonces me dice "Míralas,
míralas, perra!". Y me agarró de aquí del cabello. "¡Míralas!". Así me
tenía. Miré las caras de las muchachas. Las del pelo largo, ya ve que las
agarraban del pelo largo. Las del pelo largo les agarraban el pelo así, y
luego se lo enredaban en la mano y se las llevaban arrastrando, todas
se las llevaban así, arrastrando por los matorrales. Y luego se ponen así
en rueda y luego la ponen así y la acuestan y luego la violan y luego se
quita uno y sigue el otro. Las voltean, las empiezan a golpear, las voltean y las violan rectalmente. Y así, así, entre todos, ¿verdad? Y todos
a risa y risa, o sea se miran en la foto que están a risa y risa. Como que
miran pa bajo y voltean y se sueltan así a carcajadas, riendo, se miran
en las fotos que están así, riéndose por lo que está haciendo el otro.

El lenguaje del odio se articula a través de la reducción de la
dignidad de la víctima. María está atrapada y sometida por hombres cuyo papel social, paradójicamente, es hacer cumplir la ley.
María cae en manos de un grupo organizado de agresores sexuales
desde el momento en que entra a la cárcel y una guardia la revisa
agresivamente. Luego los policías le muestran las fotos de violación
y asesinato de las mujeres en Lomas de Poleo. María es sometida
a una escenificación conminatoria. Los hombres la amenazan con
llevarla a Lomas de Poleo y la obligan a ver las imágenes de lo que
le pasaría de seguirse resistiendo. En los cuerpos de las mujeres se
ve a sí misma. En su lectura de las fotografías, María nos ofrece una
versión no solo del proceso de la humillación, sino también nos
deja asomarnos a los rostros de los sujetos que cometieron el acto.
Se aprecia en ellos un hedonismo exacerbado y una falta de remordimiento. La hilaridad de los hombres ante la agonía de la víctima
nos abre interrogantes sobre la naturaleza del goce feminicida. La
risa de violadores y asesinos parece sustentarse en la supremacía;
esto es, la victimización produce el sentimiento de poder dominar
y disponer de otro cuerpo. Las representaciones del acto feminicida

se le muestran a una prisionera como una forma de amenaza, y con ello se convierten también en un instrumento para producir otras victimizaciones. Esto es, ese hedonismo se reproduce infinitamente a la manera de una adicción, la adicción de dominar. Este sistema instala su práctica de exterminio contra las mujeres y otros sujetos vulnerables, como la población no heterosexual. La representación del goce supremacista cumple entonces la función de una pedagogía del terror. Se exhibe el acto de ejercer violencia sexual hasta la muerte como una forma de control de los cuerpos. La ciudadanía no cuenta con la protección legítimamente establecida, puesto que los uniformados han convertido su trabajo en una máquina de exterminio. El goce de matar termina siendo una marca de prestigio.

Pero además de mirarse a sí misma como víctima en las fotografías de los gendarmes, el testimonio de María le adjudica a la colectividad el papel de víctima posible. Las mujeres de Lomas de Poleo son trofeo de una cacería abierta que cuenta con la garantía de la impunidad y que elige a su antojo los cuerpos sacrificables. Pero el hecho de que se goce de impunidad para hacer lo que sea no es suficiente explicación de este exterminio. ¿Qué necesidad, qué fantasía o qué falta induce a que esta impunidad se use asesinando brutalmente a las mujeres? De acuerdo con Rebecca E. Biron, el odio misógino es la voluntad de destruir lo femenino y define un tipo de masculinidad que requiere la agresión a la mujer para afirmarse (2000: 12). La muerte, entonces, genera un valor simbólico, una ganancia intangible que ostentan los hombres dominantes. En su análisis de ficciones feminicidas, Biron encuentra "el asesinato de un personaje femenino por un personaje masculino como un crimen no pasional, sino más bien de crisis en la construcción de relaciones de género viables" (2000: 7). Al exterminar lo femenino, el feminicida está clausurando la posibilidad de las relaciones de género, orden diferenciador que caracteriza tradicionalmente al patriarcado. Es decir, el feminicida no solamente está exterminando sistemáticamente a un sector de mujeres, sino también amenaza el orden de las diferencias genéricas. En su comentario de la noción del mal en Schopenhauer, Terry Eagleton sugiere una forma de entender el impulso destructivo como "motivado por una necesidad de obtener alivio del tormento interior de lo que Schopenhauer llamó la Voluntad; y este alivio se obtendría al infligir tormento en otros" (2010: 107). La crueldad tiene la intención de aplicar a otros el tormento que vive el perpetrador, una proyección de la propia angustia. Ese alivio quizá explique la hilaridad de los feminicidas que describe María. Sin embargo, más que como un tormento interno, que nos devuelve a las metáforas románticas y barrocas, me interesa caracterizar este impulso criminal en el marco de significación del mercado. Si se ha articulado como una necesidad, la violencia sexual adquiere entonces el valor de mercancía, como los diversos productos adictivos que rinden pingües ganancias al crimen organizado.

En *Hotel Juárez*, de Víctor Hugo Rascón Banda, todo un equipo de producción de pornografía letal (cine *snuff*) convierte el acto de matar en artículo de consumo. El Johny se dedica a enganchar mujeres jóvenes en el bar del hotel. Él es un personaje seductor que trabaja para una empresa clandestina de cine pornográfico bajo la coordinación de un comandante y con la colaboración del recepcionista, quienes a su vez reciben órdenes del licenciado, un político corrupto. Ángela, una mujer que llegó de Kansas en busca de su hermana desaparecida, está a punto de ser drogada por el Johny cuando Ramsés, un mago y *stripper* que ha estado cortejándola, la rescata. En el Hotel Juárez se hospeda Rosalba, una adolescente secuestrada sin saberlo, pues ha sido presa de la seducción y la narcotización del Johny. Este le prometió que la haría actriz, pero no sabe que dicha actuación consistirá en ser torturada, violada y asesinada por el comandante. El licenciado, el Johny, el recepcionista y el comandante son parte de una organización que produce pornografía sádica. Esta industria de la muerte reitera la idea de

Melissa Wright con respecto al carácter desechable de las mujeres pobres en el sistema neoliberal. Según Wright, la gran paradoja de este sistema es que a la vez que desecha a estas mujeres no podría subsistir sin esa victimización (2006: 2). Los actos de someter, torturar y desechar adquieren entonces un sentido lucrativo. Ellas valen por su muerte.

La organización de la empresa feminicida que encontramos en *Hotel Juárez* se vale para su efectividad de la complicidad y la distribución de tareas pactadas entre hombres. Ellos podrán mantener su producción macabra a partir de una mutua vigilancia y coerción. Más que una voluntad del mal surgida por un impulso atormentador, como Eagleton nos sugiere en su lectura de Schopenhauer, encontramos un sometimiento de los feminicidas a las normas homosociales que promueven la criminalidad como forma de cohesión o como requisito de inclusión en una sociedad que detenta el prestigio de la supremacía masculina, lo que Rita Segato (2003) analiza como *fratrias*. El mal no es, por tanto, un impulso que lleva a actos que el sujeto que los practica considere condenables. Es opinión compartida por Carlos Monsiváis, Pía Lara, Terry Eagleton y Hermann Herlinghaus, entre otros, que estos actos se cometen sin remordimiento. Quiero plantear que no solamente no hay culpa sino que la violencia feminicida se propone en los grupos depredadores como un deber colectivo, a la manera en que Judith Butler analiza el discurso del odio como un acuerdo social de exclusión y exterminio de *otros* (1997: 18).

Este deber social, esta orden colectiva de violar, torturar y asesinar constituye la secuencia central y más inquietante de la película *Traspatio*, dirigida por Carlos Carrera (2009). Cutberto se siente agraviado porque Juana prefiere vivir libremente su sexualidad a aceptar un noviazgo con él. Los jóvenes juarenses que lo acompañan en la juerga lo inducen a secuestrar a Juana para darle una lección. Cutberto solo quiere obligarla a tener sexo con él como ella lo tiene con otros hombres, pero sus compañeros imponen las reglas: ella sería violada multitudinariamente y luego Cutberto habría de asfixiarla colocándole una bolsa de plástico en la cabeza mientras la viola. Cutberto siente culpa e impotencia, pues no es capaz de oponerse a la coerción de sus compañeros. El deber del grupo es matar. La subjetividad feminicida se crea según un sistema de reglas en que un grupo estatuye un placer obligatorio, un mal que es normativo y que, por lo tanto, ejerce un tipo de política, impone una serie de prácticas y un modo de economía.

Las reglas consuetudinarias se multiplican y se reacomodan en el complejo mundo de las organizaciones criminales, abarcando los rincones menos señalados por las narrativas centralmente ocupadas de las rivalidades entre grupos armados. *Delincuentos*, de Arminé Arjona (2009), se compone de una serie de viñetas donde el motivo principal es la cotidianidad de las actividades relacionadas con el narcotráfico. El paisaje furtivo del cultivo de enervantes, la sierra clásica de las narraciones de forajidos y renegados, los caminos ocultos del trasiego, las tácticas para cruzar estupefacientes por el puente internacional, las lealtades y traiciones que definen las relaciones entre los delincuentes, la economía cotidiana y los vaivenes de la fortuna: todo parece estarse narrando en función de eludir las normas oficiales. Los cuentos de Arjona están diseñados de acuerdo con los usos cotidianos en los que romper las reglas es una actividad económica y una práctica social compartida. Las virtudes más preciadas son la sagacidad, el arrojo, el cinismo y el humor negro. En este sentido, los personajes mantienen un equilibrio emocional calibrado en función de la continua necesidad de evadirse del control de la fuerza pública de los países colindantes y de las agresiones y trampas de los otros delincuentes. Más que de individuos excepcionales, habremos de hablar de formas de comportamiento estructuradas en la práctica de socavamiento de los marcos oficiales. Los cuentos de Arminé Arjona nos permiten imaginar una sociedad donde lo criminal es la norma y el enemigo común es la prohibición del negocio del tráfico de drogas. En sí, muestra lo absurdo de esta prohibición y acaso el aspecto lucrativo de su condición clandestina. No se trata de imaginar una sociedad de personajes fieros y heroicos, sino de encontrar en los tipos más comunes del mundo fronterizo los actores que, al mismo tiempo que violan las leyes, no pueden ser enemigos de la sociedad sino sus partes constitutivas. Se trata de una estrategia narrativa que excluye la condena de las acciones ilegales y socializa la actividad criminal al punto de que la noción del delito termina por desvanecerse.

En el cuento *Pilar*, tras cerrar la fábrica de ropa de El Paso donde trabaja, Pilar es despedida sin siquiera recibir liquidación. Subsistir con los salarios bajos de Ciudad Juárez es muy difícil. Su amiga de la infancia, Beatriz, aparece como ángel salvador. La invita a transportar mariguana a El Paso, pues su marido pertenece a una de las familias productoras de Durango y mantiene una empresa bien organizada de trasiego que cuenta con la ayuda de agentes de Migración y Aduanas, quienes dejan pasar la droga discretamente. Ante la precaria situación laboral, Pilar acepta pasar de vez en cuando cargas de mariguana, lo suficiente para sostener a su familia (su madre y su sobrino). Este cuento deja ver que el trasiego y la venta de droga es un empleo más en el mapa de la oferta laboral de la frontera. Lejos de ser una historia de grandes mafiosos que luchan por las plazas con un despliegue de eventos sangrientos, el cuento se mantiene en el espacio doméstico de una familia de clase media baja que trata de subsistir a los embates de la precarización salarial. Esto no quiere decir que transportar droga a través de la frontera (acción que vemos reiterarse en los cuentos de Arjona) suceda sin peripecias. El cuñado de Beatriz, encargado de sobornar a los agentes de Migración y Aduanas, traiciona a Pilar por envidia: no hace los arreglos debidos para que ella pase la carga sin problema. Al pedirle el agente que abra la cajuela de su auto, en vez de obedecer, Pilar escapa por las calles de El Paso e incluso logra volver por otro puente sin ser alcanzada por las autoridades norteamericanas. Estas soluciones milagrosas, propias de los *thrillers*, aparecen una y otra vez en los momentos de mayor tensión: un perro que se distrae con una tortilla y de esta manera no logra detectar la droga; un hombre que resbala y se dispara a sí mismo cuando está a punto de violar a una mujer que se ha encomendado al santo Malverde. No se trata de hacernos olvidar la atrocidad de la violencia relacionada con el narcotráfico, sino de mostrarnos que este podría no ser un problema de seguridad pública si no existiera la prohibición. Esto es, la ficción de Arjona se contiene ante la narrativa violenta, acaso para mantener nuestra atención en el hecho social del narcotráfico: actividad económica que forma parte de la forma de vida de amplios sectores de la población.

El cuento *Junior*, no obstante, nos permite asomarnos al mundo macabro de las ejecuciones y las narcofosas. Un niño, réplica en miniatura de su padre –con traje vaquero y pistola de juguete al cinto–, juega solitario en el kínder con sus muñecos, a los que amordaza y tortura, y finalmente entierra en el patio. Al darse cuenta de que su maestra lo espía, la amenaza con decirle a su padre que la mande matar. El cuento concluye con un encabezado del periódico: CONTINÚAN LAS EXCAVACIONES EN LAS NARCOFOSAS. VAN SEIS CADÁVERES. La maestra de inmediato pide su cambio a otra escuela. La crueldad del hijo del mafioso es suficiente para estimar la atrocidad de las narcofosas. Esto nos permite situar la narrativa de Arjona en el lugar del ciudadano juarense que vive en las vecindades de las historias violentas y trata de sortearlas mediante diversas tácticas, por las cuales se evade de estar frente al peligro. Esconderse, mentir, hacer artes de ilusionista para violar la ley de la prohibición y escapar a los excesos de los criminales parecen ser entonces las prácticas ciudadanas que resalta este costumbrismo fronterizo.

La muda estridencia de los muertos

Caminábamos por la avenida Juárez esquina 16 de Septiembre un mediodía de 2009. En los puestos de periódicos se repetía la misma portada con la foto espeluznante de un torso sin cabeza ni brazos ni piernas, arrojado a una de las avenidas de Ciudad Juárez. Uno de nuestros acompañantes exclamó "¡Ya! No quiero ver más". La vía pública se ha inundado de cadáveres; su imagen, presencial o representada, es una reiteración que en sí misma nos impele a comprender su normalidad, su estado de imagen habitual, su multiplicación que dimensiona el horror a la vez que desnuda a la humanidad de todo su sueño de humanidad. El cadáver es carne sin vida a la vez que es cuerpo sin humanidad.

"En la medida que voy envejeciendo más convencido estoy de que la muerte es normal y es la vida la que es excepcional", dijo el médico y artista plástico Gunther von Hagens a propósito de su exposición *Body Worlds*, que ha dado la vuelta al mundo. En el caso de este médico alemán, el cuerpo humano conservado con silicón y otros materiales tiene a la vez una función didáctica y estética. La primera, conocer el interior del cuerpo tal y como el cirujano y el médico forense lo conocen, y la función estética se explicaría por la perturbación y la fascinación de reconocerse materia mortal. Esta perturbación de reconocerse materia mortal, tanto en las exhibiciones anatómicas de los museos como en los cuerpos de los asesinados en las ciudades mexicanas durante la guerra contra el/del narcotráfico en las dos primeras décadas del siglo XXI, es también una constatación de un vaciamiento de lo humano.

El conocimiento médico ha hecho del cadáver desde los tiempos de la baja Edad Media un objeto de estudio, un texto donde se cifran las claves de la fisiología, según apunta, desde el siglo XIX, Jules Michelet en *La Sorcière* (1862). Pero es un texto anatómico que no logra responder a la pregunta metafísica sobre la muerte. En este sentido, el escándalo y el éxito de la obra de Martha Pacheco en su exhibición *Mortem* (exconvento del Carmen, Guadalajara,

2006) reiteran la sordidez de las disecciones clandestinas de los estudiosos de la anatomía de los tiempos premodernos, aunque no precisamente bajo el motivo pedagógico de la lección de anatomía. Cuando el cadáver se convierte en la materia con que se compone el objeto artístico, sucede la desacralización (Greer). Esto implica que hay una convención aceptada de que el cuerpo humano al morir es un lugar sagrado, un objeto de culto, o un objeto que garantiza la promesa de la escatología religiosa, y como tal, debe estar guardado celosamente y merece un respeto sin concesiones.

Los cadáveres reliquia de los recintos sagrados, los cadáveres del luto familiar (Hermenegildo Bustos), los del martirio político (Manuel Álvarez Bravo), los muertos hermosos de las ficciones de García Márquez, Tomás Eloy Martínez y Nelly Campobello son cadáveres estetizados, sobresignificados por un valor moral donde se implican las nociones de amor y heroicidad. Son cadáveres trascendidos por el imaginario histórico y mitológico, forman parte del patrimonio de objetos en los que el sobrevalor religioso y artístico parece interponerse entre nuestra mirada y la materia muerta. En contraste, los cadáveres de la morgue enmudecen, están vacíos de identidad, son cuerpos sin ética, sin utopía, sin proyecto político, no constituyen en absoluto un don de sí, como algunos teólogos llaman al valor ético del martirio (Ferraro, 1991: 43-46; Hinkenlammert, 1991: 43). Al presentársenos este cadáver en el marco del museo o del escenario del *performance*, aunque es impactante y hasta repulsivo, estamos compelidos a ejercer una interpretación de su carnalidad inerte.

Es precisamente en el cadáver donde se encuentran los dos sentidos del término *escatología*. A la vez se refiere al conjunto de creencias referentes a la vida de ultratumba y a la materia nauseabunda. Esto nos confirma que hay dos grandes registros estéticos disponibles para la representación e interpretación del cadáver: la de la imaginación teológica y la del desecho concreto del cuerpo. Martha Pacheco y Teresa Margolles eligen la escatología en la segunda acepción.

La profanación del cadáver, por lo tanto, consiste en escamotear la interpretación de la muerte de su lugar sagrado e instalarla en lo físico como tal. La exposición *Mortem* de Martha Pacheco nos presenta una serie de cuerpos yacentes en las mesas de la morgue. Ya sea abiertos como para una lección de anatomía o burdamente suturados, los cadáveres, más allá de ser objetos de escrutinio, son fisonomías sin nombre que exhiben un gesto último. El cuadro se congela en el momento en que la muerte sucede, exhibiéndose obscenamente la huella que dejó la agonía.

Mientras que la interpretación forense trata de esclarecer el hecho que dio lugar al cadáver, su presencia en el museo interrumpe su calidad de cuerpo guardado de la opinión mundana para someterlo a las preguntas sobre su valor como imagen, su posibilidad de ser interpretado. El cadáver de la víctima del homicidio se presenta a nuestra mirada como un texto. Más allá del peritaje que asume la interpretación detectivesca, para la que el cuerpo muerto es la evidencia del delito, tenemos que preguntarnos por el sentido que adquiere al ser exhibido en un museo. La herida de muerte y el gesto del dolor insoportablemente sostenido constituyen la grafía con que se inscribe el sistema de la violencia.

Como objeto artístico, el cadáver es la imagen del gesto del morir y la herida de muerte; como planteamiento ético, estas heridas hablan del deterioro social en el que el exceso de lo violento ha enmudecido a lo político. ¿O habrá en todo caso una forma de lo político que abandona los rituales democráticos y que solo se debate a través de la burda imposición de las armas? Visto así, el cadáver termina siendo muda protesta contra la política que se funda sobre el supremo privilegio de la impunidad con que se produce la muerte. Paradójicamente, matar es una forma de vida, una cultura en la que la víctima muchas veces es victimario o autovictimado, en la que ninguna fuerza social es capaz de detener la recurrencia de la muerte, porque esa sociedad está penetrada, fascinada, condicionada y detenida por el terror.

Es el acto de exhibir cuerpos sin vida el que nos plantea el interrogante sobre la ética y la estética del cadáver. La artista puso en circulación, sin duda, una emoción exenta de indiferencia. La atención del espectador es de repulsión, como en el gesto ante las fotos de prensa; no obstante, esta atención no puede sino reconocerse en la intersubjetividad social que ha codificado al cadáver como signo de la violencia contemporánea: es un cuerpo donde se ha inscrito la violencia. Es el resto que queda, el trazo de la vida que fue; pero de manera más visible destaca la ausencia del sujeto que significó ese cuerpo.

Enfrentarse a un cadáver, tenerlo que ver por el hecho de estar expuesto como un objeto para ser visto no es precisamente confrontar a la muerte como una entidad metafísica o imaginaria, sino como evidencia física de que en ese cuerpo sucedió la muerte. Llamamos a los cadáveres restos, cosas dejadas ahí; su condición de cuerpos sin vida no es significante de nada; son materia que una vez tuvo significación pero que ahora yace sin nombre y se reduce solamente a un montón de órganos numerados para los usos burocráticos de la morgue. Su fuerza política, la declaración rotunda de su silencio, radica en este anonimato insoportable. Pacheco nos deja inscripciones que solo clasifican el cuerpo sin biografía que contar; lo reducen a la contabilidad demográficamente abrumadora de las muertes. Uno por uno, presenta los cuerpos sin nombre y con número, como un archivo de significantes que han perdido su significado, un archivo de rostros inmovilizados en el último trance. Pero ¿qué se hace con cuerpos sin sujeto, sin biografía, significantes desprendidos del vínculo primordial rostro-persona? Pacheco lleva el hiperrealismo al punto cero de la subjetividad, y con ello nos sugiere un modo radical de entender la violencia: acto de desprendimiento entre sujeto y cuerpo, borradura de la identidad, enmudecimiento de todo proyecto humano (los cadáveres de Pacheco carecen del proyecto metafísico del cadáver que se guarda para el día de la resurrección, tanto como del proyecto político del mártir que ofrece su don de sí para con su muerte asegurar un bien social). La violencia, entonces, se entiende como la suspensión de los proyectos humanos y de la subjetividad. A su manera, nos lleva a la suspensión de la historia, o nos descubre que la política implicada en el acto de matar es la suspensión de la historia.

Quiero argumentar que esta suspensión de la historia cifrada en el enmudecimiento del cadáver es réplica del enmudecimiento del Estado en su tarea de esclarecer los hechos violentos. La polémica generada por la instalación *Alfombra Roja*, de Rosa María Robles, en el Museo de Arte de Sinaloa en mayo de 2008, nos permite establecer el vínculo entre la muerte y el Estado. La instalación constaba de 12 cobijas que fueron empleadas para envolver cadáveres de ejecutados, los *encobijados*. Al día siguiente de la inauguración, las cobijas ensangrentadas fueron retiradas por la policía con el argumento de que eran evidencias de crímenes que estaban en proceso de investigación. Al ser interrogada sobre la procedencia de las cobijas, Rosa María les recordó a los policías que ellos eran los investigadores y que ella no les iba a hacer su trabajo (entrevista concedida en julio de 2010).

La instalación *Alfombra Roja*, en cuyo título se ha inscrito la acertada ironía de un suelo sangriento, se basa, en todo caso, en una infeliz redundancia: pone en el espacio público del museo lo que la población de Culiacán ha visto repetidas veces en las calles de su ciudad. Las cobijas no representan la sangre de los ejecutados: la presentan, la reiteran ante el ojo reflexivo o pleno de repulsión de los espectadores, que, a decir de las autoridades del museo, rompieron el récord de asistencia. Nada nuevo les habrá dicho la instalación, o en todo caso, los llevaría a hacer una especie de balance que, como la sangre, quedaría en números rojos. No es tan solo la muerte, sino su exceso y su ostentación, lo que invade la vía pública.

El efecto más sobresaliente de esta instalación fue precisamente la pregunta que queda resonando en nuestras mentes a raíz de la censura: ¿investigan? ¿Quieren realmente las instancias oficiales llegar a resolver el perplejo estupor de la muerte que insiste en presentársenos desnuda de metáforas, desnuda de ideologías, de causas y de beneficios? A diferencia de otros crímenes cometidos en la historia reciente, los de los encobijados, los decapitados, los de los cuerpos disueltos en ácido parecen suceder en una dimensión ajena.

Es esa directa y descarnada exhibición la que ha marcado una estética del cadáver, más que de la muerte, desde la década de 1990. En una entrevista concedida a propósito de su instalación *Lavatio Corporis*, que se exhibió en el museo Carrillo Gil de la Ciudad de México en 1994, Teresa Margolles y Arturo Angulo declaran que para el grupo Semefo, del que entonces formaban parte, "más que la muerte como símbolo y todo lo que significa en México, a nosotros nos interesa a partir de que hay un cadáver" (1994: 29). Esta renuncia a representar la muerte a través del aparato simbólico que la ha acompañado en la cultura mexicana no significa que el cadáver deje de tener significación. Más bien propone pensar la muerte fuera de esos símbolos, desprenderla de los ropajes sagrados y comprenderla desde su materialidad concreta. Lo que queda entonces a la vista es una *mundanización* de la muerte. En este sentido, el cadáver se encuentra entre las cosas que se añaden al mundo de lo real. Lo que estos trabajos concitan es la conciencia de que convivimos con los cadáveres y al verlos encontramos un espejo; así, pues, los percibimos imagen de nuestra muerte inminente como muerte violenta.

La obra de Teresa Margolles ha explorado ampliamente los materiales orgánicos de animales y cuerpos humanos. De los *performance* necrofílicos, las instalaciones donde se practican el sacrificio y la disección de animales (*La Quiñonera, La última carcajada de la Cumbancha, Doméstica, Carrusel 1996*) y las esculturas compuestas con fluidos, cabello y órganos humanos (*Lengua 2000, Entierro, Catafalco*), a los objetos impregnados con sangre de los muertos hallados en la escena del crimen (*Rendición de cuentas, Lote Bravo*), vemos que la organicidad de los materiales desafía los marcos de representación artística. Sin embargo, este uso desafiante de materiales no distancia a Margolles de las referencias a diversos temas de la pintura clásica y moderna (*Lavatio Corporis* es una versión de *Los teúles IV* de José Clemente Orozco). En *Autorretrato en la morgue* (1998), la referencia inevitable al icono de *La Piedad* nos lleva a la lectura afectiva de la fotografía: el cuerpo de una joven desconocida, muerta de sobredosis, que ha sido usada en clases de medicina, yace en los brazos enguantados de la artista. El cadáver ha sido escrutado por policías y estudiantes, ya ha sido suturado y está listo para ser cremado. Antes de su reducción a cenizas, Margolles lo presenta a nuestra consideración. Mientras podríamos juzgar este acto como una profanación perversa, el hecho de mostrarlo se convierte también en un evidenciar todo lo que se ha hecho con un cuerpo. Desde la adicción de la propia víctima hasta su uso forense, e incluso en el mismo acto de exhibición, se ha acumulado una serie de actos violentos. La fotografía revela nuestra cultura violenta en su consecuencia extrema. En la propuesta plástica de Margolles es constante encontrar la nada grata idea de que convivimos con la muerte, no en su forma simbólica, sino literalmente.

Los materiales encontrados en la escena del crimen, los objetos que llevaban las personas en el momento de ser asesinadas son parte de esta literalidad. En *Lote Bravo* (2005), instalación que consiste en una serie de bloques hechos con arena recogida en uno de los sitios de Ciudad Juárez donde han aparecido varios cadáveres de mujeres, o en *Rendición de cuentas* (2008), una colección de joyas de oro con incrustaciones de vidrios hallados en sitios de ejecuciones de narcotraficantes en Culiacán, esta literalidad consiste en traer al museo la evidencia de la escena del crimen. Como en el caso de los materiales orgánicos, en estos objetos no estamos ante una representación, o mejor dicho, existe una representación hecha con el mismo objeto representado, una tautología donde la materia se presenta con un hiperrealismo a ultranza. No es una mímesis de lo real; es lo real que tomó el lugar del signo.

Los cadáveres de Teresa Margolles y Martha Pacheco nos recuerdan las lecciones de anatomía de Van Mierevelt, Rubens y Rembrandt, o los trabajos de Von Hagens, entre otros, en el sentido de atribuir al cadáver una función pedagógica. Pero lo que aprendemos de los cadáveres de Martha Pacheco y Teresa Margolles no tiene que ver con la ciencia de la anatomía, aunque parten de una iconografía forense. El registro de las heridas causadas por golpes, cortes, fuego y explosivos termina por remitirnos a una economía de la muerte. Más que en el sentido de la criminología y la narrativa detectivesca, estas obras despliegan lo que Cuauhtémoc Medina describe como las taxonomías sociales inscritas no solo en las causas de la muerte sino en el destino de los restos: la honra funeraria, la atención pública (2001: 32). En este sentido, son cadáveres que nos comunican una política del mal, quizá mejor definida bajo la noción kantiana de la naturaleza humana como normalmente mala y solo excepcionalmente buena. En este caso, el mal que se ha regularizado y que se halla inscrito en los cadáveres es comprensible como la política del terror con que el crimen organizado constituye su hegemonía. Tan solo en ciudades como Matamoros, "el 70% de la población respalda, protege y alienta de distintas maneras la industria del narcotráfico" (Castillo García, 2009). La instalación *Narcomensajes*, consistente en la reproducción de las notas dejadas en los cadáveres de los ejecutados, nos lleva a encontrar la articulación de dicha hegemonía.

Los cadáveres de la morgue obligan a una revisión de las víctimas como un archivo de la pérdida con que puede narrativizarse la historia reciente. Las numerosas víctimas de muertes violentas que estas artistas representan dirigen nuestra atención hacia el aspecto reiterativo del homicidio relacionado con un estado de terror, una industria del asesinato y una alta producción de sujetos desechables: tales son los componentes de la forma en que el crimen organizado ha controlado amplios sectores del país. Esto es, el homicidio reiterado ha llevado a una generalización, naturalización y socialización de la muerte. Con ello nos referimos a que si algo está poniendo en cuestión esta reiteración es la hegemonía del Estado y de la sociedad civil. La muerte violenta ya no es excepcional, es parte del lenguaje común, de los acontecimientos cotidianos, y con ello la violencia se convierte en un factor constitutivo de la vida social. En este sentido, los cadáveres de la morgue son un texto social adonde van los artistas a encontrar los trazos de un proceso de descomposición del Estado-nación y de cualquier orden civilizatorio, en tanto que esta muerte reiterada no constituye ninguna expresión martirológica, ni siquiera la promesa de que al darse una muerte dejará de haber otras.

Epílogo

....

QUEDAN MÁS PREGUNTAS QUE propuestas al término de este trabajo, y quedan también numerosos documentos por explorar que nos llevarían necesariamente a una interminable discusión sobre las representaciones de la criminalidad y su capacidad de generación de saberes sociales. Lo que se ha logrado, en todo caso, es contribuir a algunas conversaciones concernientes a las características del Estado mexicano, la historia de la corrupción y la criminalidad, y los factores culturales y las estructuras de género que sustentan la violencia criminal. Las redes del poder político y criminal son en gran parte invisibles, y los recursos para poder atisbarlas son oblicuos y precarios. Habría que echar mano de las historias ficcionales o ficcionalizadas, de las imágenes monstruosas del imaginario popular, de obras canónicas y no canónicas, para esbozar los flujos de poder y los vínculos que han consolidado un sistema político-criminal.

Al tratar de responder por qué si en otras regiones del mundo operan organizaciones criminales más grandes que las mexicanas, en aquellas no se experimentan los niveles de violencia que hay en México, Edgardo Buscaglia afirma: "[...] los vacíos de Estado y las graves fallas regulatorias constituyen el factor primordial para explicar el deterioro de la seguridad en un sentido integral. Agrupaciones de actores no estables siempre se disputan con violencia y corrupción los vacíos que deja un Estado" (2013: 11). En este trabajo hemos intentado trazar una genealogía de los agentes criminales que se disputan los vacíos del Estado a fin de ubicar los factores que han construido históricamente un sistema de violencia y corrupción. Quiero subrayar el aspecto sistemático de esta relación de subordinación del Estado ante los grupos criminales, no para hablar precisamente de un proceso de deterioro, como si ser libre de la subordinación a grupos de intereses ilícitos fuera norma y no la excepción, sino para encontrar precisamente en la continuidad de este sistema de corrupción y violencia las inercias políticas y organizativas que perpetúan el estado de inseguridad.

Esta revisión de la historia de las representaciones del México moderno y contemporáneo nos ha permitido llegar a las siguientes conclusiones, a manera de líneas de discusión que habrán de expandirse o replantearse en investigaciones futuras:

1. *La relación del Estado con las organizaciones criminales, según lo han descrito las narrativas literarias e históricas, ha establecido las bases de un sistema de criminalidad que involucra a agentes oficiales y políticos.* El uso de la fuerza pública para propósitos criminales pone en cuestión la posibilidad de aplicación de la ley en los diferentes modelos de Estado que se han ensayado en la historia independiente del país. Desde el régimen conservador dictatorial de Antonio López de Santa Anna hasta el uso de sicarios profesionalizados por parte de las élites políticas del siglo XXI, la ficcionalización de este sistema criminal oficial nos permite comprender las formas de corrupción y los vínculos que se establecen entre poderosos y delincuentes. Así, las guerras de los liberales deben su éxito, en gran medida, al apoyo patriótico de los bandidos; el control porfiriano sobre los delincuentes es posible mediante la conversión de bandidos en policías rurales; la lucha contra los disidentes políticos y el control de los negocios ilícitos de la élite política posrevolucionaria se sostiene a través del uso de paramilitares, pistoleros y grupos de choque provenientes del

hampa. De igual modo, en la historia reciente, el paramilitarismo, fundado originalmente como estrategia coercitiva del Estado, se convierte en fuerza desertora a la que las narrativas contemporáneas sobre la violencia identifican como las fuerzas armadas de los cárteles de las drogas, las cuales han terminado por independizarse en la primera década del siglo XXI para formar organizaciones más violentas y diversificadas que los cárteles clásicos.

2. *La literatura de bandidos y la de la Revolución muestran que la emergencia de movimientos insurrectos y de defensa de la soberanía nacional ha sido posible gracias a los vínculos entre políticos disidentes, liberales y revolucionarios, y los combatientes que provienen de las organizaciones criminales.* Esta literatura épica, en la cual el sector proscrito de la sociedad se integra a las luchas de liberación y resistencia de todo el período moderno, asigna cualidades heroicas a los mayores enemigos de las leyes, de manera que la violación de la ley se presenta como práctica liberacionista. En la medida en que los grupos criminales provienen de los sectores populares, y durante la Colonia y en el siglo XIX se identificaron con las periferias geográficas –zona en la que el control del Estado era laxo–, forman parte de un sistema de normas construido con base en su condición de ciudadanía precaria. Su emergencia como insurrectos se lanza contra un Estado opresor de las comunidades periféricas. El bandido insurrecto es pieza fundamental en el ejercicio de la violencia como fundadora de nuevas formas de Estado: se trata de lo que Walter Benjamin ha llamado *violencia fundadora de derecho.*

El Estado posrevolucionario establece un nuevo pacto social autoritario y corporativista que incorpora a su estructura a los grupos criminales. Los propios líderes políticos se convierten en los dirigentes de complejas organizaciones que comprenden empresas legales e ilegales y actividades de represión, censura y espionaje. Ante tal Estado autoritario y criminal, la imaginación literaria y fílmica ha respondido reprobando a las instituciones del Estado y a sus representantes. Ya no se trata, en las últimas tres décadas, de grupos insurrectos frente a estados excluyentes de franjas marginadas de la población que requieren insurrecciones para su liberación. Se trata, sobre todo, de un discurso que demuestra la falacia del Estado y su carácter criminal desde una perspectiva de derechos humanos con protagonismo de la sociedad civil. Si la narrativa insurrecta funda un nuevo Estado y un nuevo contrato que al final resulta un orden criminal y antisocial, en las narrativas de los derechos humanos se destaca la reivindicación de la víctima de la violencia perpetrada al cobijo de la política criminal dominante. La *política del miedo* ha ideado múltiples formas de expresar la inconformidad ante la naturaleza necrófila de la hegemonía criminal en las regiones donde la inseguridad y los niveles de violencia parecen no tener control, como la franja fronteriza con Estados Unidos, Michoacán y Guerrero. Numerosas expresiones de dolor público llenan plazas y calles; las caravanas atraviesan el país y van más allá de las fronteras. Familiares de desaparecidos en México, exiliados mexicanos en los Estados Unidos, familiares de migrantes centroamericanos tejen narrativas de victimización que bien podrían reforzar un fatalismo silencioso que pugna por naturalizar la crisis de seguridad. Sin embargo, es posible resaltar el surgimiento de diversos proyectos de participación ciudadana en los que las expresiones estéticas son también intervenciones políticas que tienden a recuperar el espacio público y el protagonismo de la sociedad civil: tales son los movimientos de arte urbano en ciudades como Tijuana, Ciudad Juárez, México y Guadalajara, los diferentes *performances* y otros eventos artísticos que se han manifestado a raíz de la masacre de estudiantes normalistas en Iguala, Guerrero, en septiembre de 2014, para citar una muestra de una amplia inquietud ciudadana.

3. El desarrollo de la política criminal en la era del neoliberalismo se caracteriza por su transnacionalidad, su destructividad y la consolidación de un machismo extremo, el lumpenmachismo, caracterizado por un hedonismo del exterminio. Sayak Valencia Triana (2011) llama sujetos *endriagos* a los individuos cuyo poder económico y político depende de la victimización extrema en el contexto del capitalismo *gore* o capitalismo criminal. La espectacularidad de la muerte y el sistema de terror que implica esta maquinaria de producción de violencia son la construcción cultural de un monstruo que prevalece en el imaginario social. Una política urgente, que abarcaría todos los ámbitos donde la sociedad civil tenga presencia, será la de desmitificar el monstruo del sistema criminal, desmantelar sus fundamentos culturales y construir sobre las bases del conocimiento de la crueldad; como nos plantea María Pía Lara, una moral crítica y democrática. La respuesta social a la ocupación criminal se expresa como un *ethos* de la autodefensa. Si, como sugiere Edgardo Buscaglia, el sistema criminal se aprovecha de los vacíos del Estado, de la misma manera la sociedad civil, la última de nuestras utopías, habrá de encontrar esos vacíos y ocuparlos para desde ahí neutralizar y desterrar la corrupción que ha dado lugar a la nación criminal. Es de notarse que la idea de autonomía aparezca en la novela *Astucia*, anclada en el Michoacán de mediados del siglo xix, con motivos semejantes a los del surgimiento de los grupos armados de autodefensas en el Michoacán de 2013: el crecimiento de la inseguridad y los abusos de los uniformados y los criminales, que han emprendido una guerra contra la población civil.

Mientras las relaciones corruptas dominen las prácticas políticas y económicas, y el rechazo a la impunidad se mantenga encendido, la producción estética y la circulación de historias –que constituyen el repertorio con que la sociedad letrada, artística, académica y activista ilumina e interviene en los diversos espacios de interacción social– seguirán atentas a los excesos del poder y a las rutas criminales del presente. Digamos que este derrotero simbólico que incide de muchas maneras en la esfera pública permite mantener un lugar crítico frente a toda forma violenta de relación.

En este libro hemos podido destacar los puntos que constituyen ese derrotero simbólico:

- Conocer la violencia como una expresión de género nos permite señalar los puntos de atención para una transformación cultural.
- La crítica de la corrupción y la impunidad ha de ocupar el lugar central en los debates públicos encaminados a reducir la violencia.
- La intervención estética promueve una vía comunitaria de recuperación de la ciudad y el poder colectivo.
- La reflexión sobre la crueldad y la muerte redefine nuestras nociones de la ética y la vida frente a la necropolítica.

Agradecimientos

....

LA ESCRITURA DE ESTE LIBRO es el resultado de largas conversaciones, debates, publicaciones, intercambios epistolares y acciones colectivas sin los cuales no hubiera sido posible llegar a la comprensión de los temas aquí estudiados. Agradezco en primer lugar a mis colegas del Departamento de Español y Portugués de la Universidad de Texas, en Austin, por su apoyo constante. El apoyo del Instituto Lozano Long de Estudios Latinoamericanos de la Universidad de Texas me ha permitido lograr un amplio intercambio interdisciplinario e interinstitucional para realizar los estudios de la violencia en México gracias a la generosidad de Teresa Lozano Long y la Mellon Foundation. El Centro para los Estudios de la Mujer y de Género de la Universidad de Texas ha sido también un importante respaldo a las iniciativas sobre violencia de género y estudios de la masculinidad, en especial los apoyos recibidos a través de la Embrey Foundation. El Colegio de Artes Liberales de la Universidad de Texas, bajo la dirección del decano Randy Diehl, me ha otorgado diversas becas de investigación para este trabajo, como los Dean Fellowship Grants en 2007 y 2012. El Centro de Investigaciones y Estudios Superiores en Antropología Social en las ciudades de México y Oaxaca me ha permitido un diálogo interdisciplinario que se ha traducido en proyectos de publicación, aventuras pedagógicas y, sobre todo, la calidez humana que el goce de conocer y actuar juntos genera.

El grupo de investigación Género, Violencias y Diversidad Cultural, que ha sesionado desde hace varios años, ha permitido mantener una continuidad y una mirada integral en los estudios del fenómeno de la violencia y los problemas de género en México. Para mí es un gran honor pertenecer a este grupo de cuyos esfuerzos han resultado diversas publicaciones, seminarios, talleres y proyectos comunitarios.

Cada colega encierra una enseñanza y un gran afecto. Es muy larga la lista de quienes han ofrecido sus lecturas, comentarios, consejos, bibliografías. Este espacio sería insuficiente para incluir todos sus nombres. Sus voces se entretejen en estas páginas, haciendo de este libro una polifonía. Pero no quiero dejar de mencionar a dos de ellas: Patricia Ravelo ha sido mi más cercana interlocutora en los temas concernientes a este libro; a Ileana Rodríguez le tengo especial gratitud por ser una gran mentora del saber y de la vida.

Son numerosos los estudiantes a quienes debo agradecer su energía y gran entusiasmo, en especial a Lydia Huerta, May-ek Querales, Beatriz Lozoya, Israel Jacob Flores, Alejandra Zambrano, Carlos Amador, Roberto Flotte, Víctor Hernández, Lynn Romero y Joseph Pierce; sus desafíos, sus ocurrencias y su afecto me han sido de gran inspiración. Y finalmente quiero reconocer el sólido sostén moral y emocional de mis amigos que siempre han estado presentes: Arturo Benjamín Pérez, Patricia Ravelo, Rosina Conde, Óscar Sánchez, José Luis Martínez, César Manzano y Manuel Amador.

Bibliografía

....

Libros y artículos

"A Commune in Chiapas? Mexico and the Zapatista Rebellion, 1994-2000", *Libcom*, 5 de enero de 2006: http://libcom.org/library/commune-chiapas-zapatista-mexico. Consultado el 2 de julio de 2011.

"Héctor Aguilar Camín y Jenaro Villamil: el debate con Carmen Aristegui": http://www.youtube.com/watch?feature=player_embedded&v=5s-A5aZPxY4. Consultado el 18 de octubre de 2012.

"¿Quiénes son responsables del zapatismo?, *El Chamizal*, 1, 18 de agosto de 1912.

Abadinsky, Howard, *Organized Crime*, Chicago, Nelson-Hall, 1985.

Agamben, Giorgio, *Estado de excepción. Homo Sacer I, 1*, trad. de Antonio Gimeno Cuspinera, Valencia, Pre-textos, 2004 (2003).

Aguilar, Rubén, y Jorge Castañeda, *El narco: la guerra fallida*, México, Santillana, 2009.

Aguilar Camín, Héctor, "Manuel Buendía y los Idus de Mayo", *Nexos en línea*, primero de julio de 1984: http://www.nexos.com.mx/?P=leerarticulo& Article= 266790. Consultado el 15 de diciembre de 2013.

Aguilar Mora, Manuel, *El escándalo del Estado. Una teoría del poder político en México*, México, Fontamara, 2000.

Alonso, Ana María, *Thread of Blood. Colonialism, Revolution, and Gender on Mexico's Northern Frontier*, Tucson, The University of Arizona Press, 1997 (1995).

Altamirano, Ignacio Manuel, *El Zarco. Episodios de la vida mexicana en 1861-1863*, Toluca, Gobierno del Estado de México, 1985 (1869).

Amador Velázquez, Manuel, y Héctor Domínguez Ruvalcaba, "Violencias y feminicidio en el Estado de México", en Patricia Ravelo y Héctor Domínguez Ruvalcaba (eds.), *Diálogos interdisciplinarios sobre violencia sexual*, México, Fondo Nacional para la Cultura y las Artes/Eón, 2012, pp. 257-275.

Amorós, Celia, *Hacia una crítica de la razón patriarcal*, Barcelona, Anthropos, 1985.

Arendt, Hanna, *On Violence*, Nueva York, Harcourt, Brace & World, 1970.

Arjona, Arminé, *Delincuentos: historias del narcotráfico*, Chihuahua, Instituto Chihuahuense de la Cultura, 2009.

Astorga, Luis, *Drogas sin fronteras. Los expedientes de una guerra permanente*, México, Grijalbo, 2003.

Auyero, Javier, *Favores por votos*, Buenos Aires, Losada, 1997.

Ayala Blanco, Jorge, *La fugacidad del cine mexicano*, México, Océano, 2001.

Badiou, Alain, *Being and Event*, trad. de Oliver Feltham, Londres, Continuum, 2006.

_____, *Ethics. An Essay on Understanding of Evil*, trad. de Peter Hallward, Londres/Nueva York, Verso, 2001 (1998).

Baker, David, "The Political Economy of Fascism: Myth or Reality, or Myth and Reality?", *New Political Economy*, 11:2, junio de 2006, pp. 227-250.

Bales, Kevin, *Disposable People: New Slavery in the Global Economy*, Berkeley, University of California Press, 1999.

Benavides, Hugo, *Drugs, Thugs and Divas. Telenovelas and Narcodramas in Latin America*, Austin, The University of Texas Press, 2008.

Benjamin, Walter, *Para una crítica de la violencia*, México, Premiá, 1982.

Biron, Rebecca E., *Murder and Masculinity: Violent Fictions of 20th Century Latin America*, Nashville, Vanderbilt University Press, 2000.

Bowden, Charles, *Juárez: The Laboratory of Our Future*, Nueva York, Aperture Foundation, 1998.

Buffington, Robert, *Criminal and Citizen in Modern Mexico*, Lincoln, University of Nebraska Press, 2000.

Buscaglia, Edgardo, *Vacíos de poder en México. Cómo combatir la delincuencia organizada*, México, Debate, 2013.

Butler, Judith, *Precarious Life: The Powers of mourning and Violence*, Londres-Nueva York, Verso, 2004.

_____, *Excitable Speech. A Politics of the Performative*, Nueva York, Routledge, 1997.

Carpizo, Jorge, *El presidencialismo mexicano*, México, Siglo XXI, 2002 (1978).

Castañeda, Jorge, *La utopía desarmada*, México, Joaquín Mortiz, 1993.

Castillo García, Gustavo, "La narcoguerra / IV", *La Jornada*, Sección Política, 4 de marzo de 2009: http://www.jornada.unam.mx/2009/03/04/index. php?section=politica&article=008r1p ol. Consultado el 4 de marzo de 2009.

Castro Leal, Antonio, "Prólogo" en Manuel Payno, *Los bandidos de Río Frío*, México, Porrúa, 2006.

Certeau, Michel de, *La invención de lo cotidiano*, México, Universidad Iberoamericana, 1996.

Chabat, Jorge, "Narcotráfico y Estado: el discreto encanto de la corrupción", *Letras Libres*, septiembre de 2005: http://www.letraslibres.com/revista/ convivio/narcotrafico-yestado-el-discreto-encanto-de-la-corrupcion?page=0,1. Consultado el 15 de diciembre de 2013.

Conde, Rosina, *Como cashora al sol*, México, Desliz Ediciones–Fósforo Tipográfica, 2007.

Coni, Emilio, *Historia de las vaquerías de Río de la Plata, 1555-1750*, Buenos Aires, Devenir, 1956.

Corzo Ramírez, Ricardo, José G. González Sierra y David Skerritt, *... Nunca un desleal: Cándido Aguilar, 1989-1960*, México, El Colegio de México–Gobierno del Estado de Veracruz, 1986.

Cosío Villegas, Daniel, *El sistema político mexicano*, México, Joaquín Mortiz, 1972.

Dabove, Juan Pablo, *Nightmares of the Lettered City. Bandits and Literature in Latin America, 1816-1929*, Pittsburgh, The University of Pittsburgh Press, 2007.

De Riz, Liliana, "Caudillismo", *Encyclopaedia Britannica*: http: // www. britannica.com/EBchecked/topic/100367/caudillismo. Consultado el 27 de abril de 2014.

Deleuze, Gilles, *Proust and Signs. The Complete Text*, trad. de Richard Howard, Londres/Nueva York, Continuum, 2008 (1964).

Dellios, Hugh, "Mexicans Scrutinize Awful Chapters Past", *Chicago Tribune*, 19 de junio de 2002. Disponible en http://articles. chicagotribune.com/2002-06-29/news/0206290061_1_black-palace-files-national-archives. Consultado el 30 de abril de 2014.

Domínguez Pérez, Olivia, *Políticas y movimientos sociales en el tejedismo*, Xalapa, Universidad Veracruzana, 1986.

Domínguez Ruvalcaba, Héctor, y Patricia Ravelo, "La batalla de las cruces. Los crímenes contra las mujeres en la frontera y sus intérpretes", *Desacatos*, núm. 13, invierno de 2003, pp. 122-133.

Donoso, José, "El autor y su obra", en Carlos Fuentes, *La muerte de Artemio Cruz*, Barcelona, Círculo de Lectores, 1972 (1962).

Doyle, Kate, "The Tlatelolco Massacre. US Documents on Mexico in the Events of 1968", *The National Security Archive*, 10 de octubre de 2003: http://www2.gwu.edu/~nsarchiv/NSAEBB/NSAEBB99/. Consultado el primero de julio de 2014 (2003a).

_____, "The Dawn of Mexico's Dirty War", *The National Se-curity Archive*, 5 de diciembre de 2003: http://www2.gwu.edu/~nsarchiv/NSAEBB/NSAEBB 105/index.htm. Consultado el 28 de abril de 2014 (2003b).

Duncan Baretta, Silvio R., y John Markoff, "Civilization and Barba-rism: Cattle Frontiers in Latin America", en Fernando Coronil y Julie Skurski (eds.), *States of Violence*, Ann Arbor, The University of Michigan Press, 2006.

Eagleton, Terry, *On Evil*, New Heaven, Yale University Press, 2010.

Escalante Gonzalbo, Fernando, *Ciudadanos imaginarios. Memorial de los afanes y desventuras de la virtud y apología del vicio triunfante en la República Mexicana – Tratado de moral pública*, México, El Colegio de México, 1992.

Fernández Menéndez, Jorge, y Víctor Ronquillo, *De los Maras a los Zetas. Los secretos del narcotráfico, de Colombia a Chicago*, México, Grijalbo, 2006.

Ferraro, Benedito, "Cuestiones teológico-pastorales: ¿por qué una teología no sacrificial?", en Hugo Assmann (ed.), *Sobre ídolos y sacrificios. René Girard con teólogos de la liberación*, San José de Costa Rica, Departamento Ecuménico de Investigaciones, 1991, pp. 43-46.

Flores, Enrique, y Raúl Eduardo González (eds.), *Malverde. Exvotos y corridos*, México, UNAM, 2011.

Flores Pérez, Carlos Antonio, *Historias de polvo y sangre. Génesis y evolución del tráfico de drogas en el estado de Tamaulipas*, México, CIESAS, 2013.

Fowler Salamini, Heather, *Movilización campesina en Veracruz (1920-1938)*, México, Siglo XXI, 1979 (1971).

Frías, Heriberto, *Tomóchic: Episodios de la campaña de Chihuahua, 1892: relación escrita por un testigo presencial*, Rio Grande City, Jesús T. Recio, 1894.

Fuentes, Carlos, *La muerte de Artemio Cruz*, Barcelona, Círculo de lectores, 1972 (1961.)

Fuentes Díaz, Antonio, *Linchamientos: fragmentación y respuesta en el México neoliberal*, Puebla, Benemérita Universidad Autónoma de Puebla, 2006.

Galicia, Alejandro, "Informe sobre documentos desclasificados referentes a la Guerra Sucia en México", marzo de 2011: http://www.scribd. com/doc/51660408/INTRODUCCION-Informe-General-Guerra-Sucia-Mexico-60-70. Consultado el 30 de abril de 2014.

García de León, Antonio, "Los piratas, protagonistas en la génesis del capitalismo", entrevista hecha por Arturo Jiménez, *La Jornada*, 4 de agosto de 2004: en http://www.jornada.unam.mx/2004/08/04/02an1cul.php?origen=index.html&fly=1. Consultado el 13 de noviembre de 2014.

García Morales, Soledad, *La rebelión delahuertista en Veracruz (1923)*, Xalapa, Universidad Veracruzana, 1986.

Garro, Elena, *Los recuerdos del porvenir*, México, Joaquín Mortiz-SEP, 1985 (1963).

Garzón, Jaime, "Asesinato de Manuel Buendía: abrirán al público los expedientes del caso", Sociedade Interamericana de Imprensa: http://www.sipiapa.org/pt-br/casosimpunidad/asesinato-de-manuel-buendia-abriran-al-publico-losex pedientes-del-caso/. Consultado el 15 de diciembre de 2013.

Gerassi-Navarro, Nina, *Pirate Novels*, Durham, Duke University Press, 1999.

German, Lindsey, "Theories of Family", en Rosemary Hennessy y Chrys Ingraham (eds.), *Materialist Feminism. A Reader of Class, Difference, and Women's Lives*, Nueva York, Routledge, 1997, pp. 146-159.

Gil Olmos, José, "Solo el pueblo puede defender al pueblo", *Proceso*, núm. 1934, 11 de noviembre de 2013: http://hemeroteca.proceso. com.mx/?page_id=278958&a51dc26366d99bb5fa29cea47475 65fec=358707&rl=wh. Consultado el 15 de diciembre de 2013.

Gómez, Marte R., *Pancho Villa: un intento de semblanza*, México, FCE, 1972.

Gómez Estrada, José Alfredo, *Gobierno y casinos. El origen de la riqueza de Abelardo L. Rodríguez*, Mexicali, Universidad Autónoma de Baja California-Instituto Mora, 2007 (2002).

Góngora, Mario, *Vagabundaje y sociedad fronteriza en Chile (siglos XVII a XIX)*, Santiago, Centro de Estudios Socio-Económicos-Facultad de Ciencias Económicas-Universidad de Chile, 1966.

González de Alba, Luis, *Los días y los años*, México, Era, 1971.

Graeber, David, *Fragments of an Anarchist Anthropology*, Chicago, Prickly Paradigm Press, 2006.

Grayson, George W., *Mexico. Narco-Violence and a Failed State?*, New Brunswick-Londres, Transaction Publishers, 2010.

Greer, Germaine, "Strictly Showbiz", *El Guardián*, 25 de febrero de 2008: www.guardian.co.uk/.../2008/feb/25/germainegreer. Consultado el 25 de febrero de 2009.

Guzmán, Martín Luis, "La sombra del caudillo", en Antonio Castro Leal (coord.), *La novela de la Revolución Mexicana*, México, Aguilar, 1963, pp. 427-533.

Guzmán Wolffer, Ricardo, *La frontera huele a sangre*, México, Lectorum, 2002.

Hardt, Michael, y Antonio Negri, *Empire*, Cambridge (EU), 2000.

Henríquez Ureña, Pedro, *Las corrientes literarias en la América hispánica*, México, FCE, 1949.

Herlinghaus, Hermann, *Violence without Guilt. Ethical Narratives from the Global South*, Nueva York, Palgrave MacMillan, 2009.

Hinkelammert, Franz, "Distinguir claramente entre sacrificio y don de sí", en Hugo Assmann (ed.), *Sobre ídolos y sacrificios. René Girard con teólogos de la liberación*, San José de Costa Rica, Departamento Ecuménico de Investigaciones, 1991, p. 43.

Hobsbawm, Eric, *Bandits*, Nueva York, The New Press, 2000.

Hoffmann, Odile, *Tierras y territorios en Xico, Ver.*, Xalapa, Gobierno del Estado de Veracruz, 1992.

Inclán, Luis G., *Astucia. El jefe de los Hermanos de la Hoja o Los Charros Contrabandistas de la Rama. Novela histórica de costumbres mexicanas con episodios originales, escrita por Luis G. Inclán en vista de auténticas apuntaciones del protagonista* [Pról. Manuel Sol Tlachi], México, Universidad Veracruzana-FCE, 2005 (1866).

Irwin, Robert McKee, *Bandits, Captives, Heroines and Saints: Cultural Icons of Mexico's Northwest Borderlands*, Mineápolis, University of Minnesota Press, 2007.

Jara, Heriberto, *Carta de Heriberto Jara, gobernador de Veracruz, al presidente Venustiano Carranza*, 2 de abril de 1916.

Jaurrieta, José María, *Con Villa (1916-1920), memorias de campaña*, México, Conaculta, 1997.

Katz, Friedrich, *La guerra secreta en México*, trad. de Isabel Fraire, Mexico, Era, 1996 (1982).

_____, "Presentación", en Silvestre Terrazas, *El verdadero Pancho Villa*, México, Era, 1985.

_____, "Pancho Villa and the Attack on Columbus, New Mexico", *The American Historical Review*, 83:1, febrero de 1978, pp. 101-130.

Khagram, Sanjeev, y Peggy Levitt, "Constructing Transnational Studies", en Sanjeev Khagram y Peggy Levitt (eds.), *The Transnational Studies Reader. Intersections and Innovations*, Nueva York-Londres, Routledge, 2008, pp. 1-18.

Kurnitzky, Horst, "Una llamada a la violencia: la concepción social-darwinista de la economía neoliberal", en Horst Kurnitzky (ed.), *Globalización de la violencia*, México, Colibrí, 2000, pp. 101-110.

Lara, María Pía, *Narrar el mal. Una teoría postmetafísica del juicio reflexionante*, México, Gedisa, 2009.

López Velarde, Ramón, *Obras*, México, FCE, 1986 (1971).

López y Fuentes, Gregorio, *El indio*, México, Novaro, 1955 (1935).

Macías-González, Víctor, "The *Lagartijo* at *The High Life*. Masculine Consumption, Race, Nation, and Homosexuality in Porfirian Mexico", en Robert M. Irwin, Edward J. McCaughan y Michelle Rocío Nasser (eds.), *The Famous 41. Sexuality and Social Control in Mexico, 1901*, Nueva York, Palgrave Macmillan, 2003, pp. 227-249.

Marez, Curtis, *Drug Wars. The Political Economy of Narcotics*, Mineápolis-Londres, The University of Minnesota Press, 2004.

Margolles, Teresa, y Arturo Angulo, "Nuestro interés, más por el cadáver que por la muerte como símbolo: Semefo", entrevista de Arturo García Hernández, *La Jornada*, 24 de mayo de 1994, p. 29.

Martín-Barbero, Jesús, "The City. Between Fear and Media", en Susana Rotker y Katherine Goldman (eds.), *Citizens of Fear: Urban Violence in Latin America*, New Brunswick, Rutgers University Press, 2002, pp. 25-33.

Mbembe, Achille, "Necropolitics", trad. de Libby Meintjes, *Public Culture*, 15:1 (2003), pp. 11-40.

Medina, Cuauhtémoc, "Zones of Tolerance: Teresa Margolles, SEMEFO and beyond", *Parachute: Contemporary Art Magazine*, 104:10-12 (primero de octubre de 2001), pp. 32-52.

Mendoza, Élmer, *Efecto tequila*, México, Tusquets, 2004.

_____, *Un asesino solitario*, México, Tusquets, 1999.

Mignolo, Walter D., "Colonialidad del poder y subalternidad", en Ileana Rodríguez (ed.), *Convergencia de tiempos. Estudios subalternos / contextos latinoamericanos, Estado, cultura, subalternidad*, Ámsterdam y Atlanta, Rodopi, 2001.

Monsiváis, Carlos, *Los mil y un velorios. Crónica de la nota roja en México*, México, Random-House Mondadori, 2010.

_____, "El Estado fuera de la ley", en Julio Scherer García y Carlos Monsiváis (eds.), *Los patriotas*, México, Nuevo Siglo-Aguilar, 2004.

_____, "De no ser por el pavor que tengo, jamás tomaría precauciones (notas sobre la violencia urbana)", en Horst Kurnitzky (ed.), *Globalización de la violencia*, México, Instituto Goethe, 2000, pp. 19-36.

_____, *Días de guardar*, México, Era, 1971.

_____, y Julio Scherer García, *Los patriotas de Tlatelolco a la guerra sucia*, México, Santillana-Aguilar, 2004.

Montemayor, Carlos, *La violencia de Estado en México. Antes y después de 1968*, México, Random-House Mandadori, 2010.

_____, *Los informes secretos*, México, Joaquín Mortiz, 1999.

_____, *Las armas del alba*, México, Joaquín Mortiz, 2003.

_____, *Guerra en el paraíso*, México, Diana, 1991.

Morales, Esteban, "¡Por mis pistolas! Una provocación en favor de la autodefensa", *Nexos en línea*, 22 de febrero de 2013: http://redaccion.nexos.com. mx /?p=4608#_ftn1. Consultado el 14 de diciembre de 2013.

Mörner, Magnos, *La Corona española y los foráneos en los pueblos indios de América*, Estocolmo, Almqvist & Wiksell, 1970.

Muñoz, Rafael F., *Vámonos con Pancho Villa*, México, Espasa-Calpe, 1978 (1931).

Nabert, Jean, *Ensayo sobre el mal* (José Demetrio Jiménez, trad.), Madrid, Caparrós Editores, 1997.

Naím, Moisés, *Ilícito. Cómo traficantes, contrabandistas y piratas están cambiando el mundo*, México, Debate, 2007 (2005).

Núñez Jaime, Víctor, "Letras mexicanas que miran más allá de la narcoliteratura", *El País*, 3 de octubre de 2012. Disponible en http://cultura.elpais.com/cultura/ 2012/10/02/actualidad/1349204767_004832.html. Consultado el 16 de diciembre de 2012.

Olivares Alonso, Emir, "En poder del *narco*, 30% del suelo cultivable", *La Jornada*, 12 de mayo de 2007. Disponible en http://www. jornada.unam.mx/2007/05/12/index. php?section=politica& article=007n3pol.

Ortega Molina, Gregorio, *Crimen de Estado*, México, Grijalbo, 2009.

Ortega Ruiz, Guillermo, "Publicar por encima de la censura", en Eduardo Cruz Vázquez (ed.), *Los silencios de la democracia*, México, Planeta, 2008.

Parra, Eduardo Antonio, *Nostalgia de la sombra*, México, Joaquín Mortiz, 2002.

Parra, Max, *Writing Pancho Villa's Revolution. Rebels in the Literary Imagination of Mexico*, Austin, The University of Texas Press, 2005.

Payno, Manuel, *Los bandidos de Río Frío*, México, Porrúa, 1982 (1891).

Paz, Octavio, *Sor Juana Inés de la Cruz o las trampas de la fe*, Barcelona, Seix Barral, 1982.

———, *El ogro filantrópico*, México, FCE, 1979.

Peña, Sergio de la, y Teresa Aguirre, *De la revolución a la industrialización*, México, unam-Océano, 2006.

Pérez, Ana Lilia, "Kaibiles, negocio desde el infierno", *Voltairenet.org*, 23 de enero de 2007: http://www.voltairenet.org/article144751. html. Consultado el 20 de julio de 2014.

Pérez, Olivia, *Políticas y movimientos sociales en el tejedismo*, Xalapa, Universidad Veracruzana, 1986.

Pérez Bernal, Ángeles M., "*El infierno* de Luis Estrada. Una mirada desde el esquizoanálisis de Gilles Deleuze", *Cultura y Representaciones Sociales*, 6:12, marzo de 2012, pp. 238-261.

Pérez Monfort, Ricardo, "Violencia en la fotografía; apuntes para una revisión mexicana", en Horst Kurnitzky (ed.), *Globalización de la violencia*, México, Instituto Goethe, 2000, pp. 36-54.

Poniatowska, Elena, *El tren pasa primero*, México, Alfaguara, 2005.

_____, *Hasta no verte Jesús mío*, México, Era, 1969.

Proal, Juan Pablo, "Cine de narcos: capos en búsqueda de la inmortalidad", *Proceso*, 14 de septiembre de 2009: http://www.proceso. com.mx/rv/mod Home/detalleExclusiva/72316. Consultado el 20 de mayo de 2011.

Ramos, Samuel, *El perfil del hombre y la cultura en México*, México, Espasa-Calpe, 1982 (1934).

Rancière, Jacques, *Dissensus: On Politics and Aesthetics*, trad. de Steven Corcoran, Londres-Nueva York, Continuum, 2010.

Rascón Banda, Víctor Hugo, "Hotel Juárez", en Víctor Hugo Rascón Banda (ed.), *Teatro de frontera 13/14*, México/Durango, Siglo XXI-Conaculta-Fonca-Universidad Juárez del Estado de Durango-Espacio Vacío Editorial, 2004, pp. 481-517.

Ravelo, Ricardo, *Herencia maldita. El reto de Calderón y el nuevo mapa del narcotráfico*, México, Grijalbo, 2007.

_____, "Policías al servicio del narco", *Proceso en línea*, núm. 1600, primero de julio de 2007: http://hemeroteca.proceso. com.mx/?page_id=92796, consultada el 11 de marzo de 2015.

Read, Jason, "Unemployed Negativity. The Affective Economy: Producing and Consuming Affects in Deleuze and Guattari", *Keynote Address at Deleuze and the Passions. Annual National Deleuze Scholarship Conference #3*. Erasmus University Rotterdam, 16 de mayo de 2014: http://www.unemploy ednegativity.com/2014/05/ the-affective-economy-producingand.html?spref=fb. Consultado el 17 de mayo de 2014.

Reguillo, Rossana, "La construcción social del miedo. Narrativas y prácticas urbanas", en Susana Rotker (ed.), *Ciudadanías del miedo*, Caracas, Nueva Sociedad, 2000, pp. 185-201.

Reine, Adrian, *The Anatomy of Violence: The Biological Roots of Crime*, Nueva York, Random House, 2013.

Revueltas, José, *México: una democracia bárbara*, México, Era, 1983 (1958).

_____, *Los errores*, México, Era, 1980 (1964).

Reyes, Alfonso, "Pasado inmediato", en Miguel León-Portilla (ed.), *Conferencias del Ateneo de la Juventud*, México, UNAM, 2000 (1962).

Robles, Fernando, *Sucedió ayer*, México, Impresora Manuel León Sánchez, 1940.

Robles, Rosa María, *Navajas*, Culiacán, Gobierno del Estado de Sinaloa-Universidad Autónoma de Sinaloa, 2007.

Rodríguez, Ileana, *Liberalism at its Limits. Crime and Terror in the Latin American Cultural Text*, Pittsburgh, University of Pittsburgh Press, 2009.

Rodríguez Munguía, Jacinto, *1968: todos los culpables*, México, Debate, 2008.

Ronquillo, Víctor, y Jorge Fernández Menéndez, *De los Maras a los Zetas. Los secretos del narcotráfico de Colombia a Chicago*, México, Random-House Mondadori, 2007.

Rotker, Susana, "Cities Written by Violence: An Introduction", en Susana Rotker y Katherine Goldman (eds.), *Citizens of Fear: Urban Violence in Latin America*, New Brunswick, Rutgers University Press, 2002, pp. 7-24.

Sada, Daniel, *El lenguaje del juego*, Barcelona, Anagrama, 2012.

Sáenz, Moisés, *Some Mexican Problems. Lectures on the Harris Foundation 1926*, Chicago, University of Chicago Press, 1926.

Salecl, Renata, *(Per)versions of Love and Hate*, Nueva York, Verso, 1998.

Sánchez González, Agustín, *La Banda del Automóvil Gris*, México, Sansores y Aljure Editores, 1997.

Saviano, Roberto, *Gomorrah*, trad. de Virginia Jewiss, Nueva York, Farrar, Straus and Giroux, 2007 (2006).

Scarry, Elaine, *The Body in Pain: The Making and Unmaking of the World*, Nueva York, Oxford University Press, 1985.

Sedgwick, Eve Kosofsky, *Between Men: English Literature and Male Homosocial Desire*, Nueva York, Columbia University Press, 1985.

Segato, Rita Laura, *Las estructuras elementales de la violencia*, Bernal (Argentina), Universidad Nacional de Quilmes, 2003.

Segura, Juan Carlos, "Reflexión sobre la masacre. De la identidad sin cuerpo al cuerpo sin identidad", en Susana B.C. Devalle (ed.), *Poder y cultura de la violencia*, México, El Colegio de México, 2000, pp. 3568.

Skerritt Gardner, David, *Una historia agraria en el centro de Veracruz, 1850-1940*, Xalapa, Universidad Veracruzana, 1989.

Solares, Martín, *Nuevas líneas de investigación. 21 relatos sobre la impunidad*, México, Era, 2003.

Taylor, Kathleen, *Cruelty. Human Evil and the Human Brain*, Nueva York, Oxford University Press, 2009.

Terrazas, Silvestre, *El verdadero Pancho Villa*, México, Era, 1984.

Trujillo Muñoz, Gabriel, *Mexicali City Blues*, Barcelona, Belacqva, 2006.

_____, *El festín de los cuervos*, Bogotá, Norma, 2002.

Usigli, Rodolfo, *El gesticulador y otras obras de teatro*, México, FCE,-SEP, 1983.

Valdez Cárdenas, Javier, *Los morros del narco: historias reales de niños y jóvenes en el narcotráfico mexicano*, México, Aguilar, 2011.

_____, *Miss Narco: belleza, poder y violencia. Historias reales de mujeres en el narcotráfico mexicano*, México, Aguilar, 2009.

Valencia Triana, Sayak, "Capitalismo gore: narcomáquina y performance de género", *e-misférica* 82, invierno de 2011: http://hemisphericinstitute.org/hemi/en/e-misferica-82/triana. Consultado el 3 de junio de 2014.

Vallejo, Fernando, *La virgen de los sicarios*, Madrid, Punto de Lectura, 2001 (1994).

Vanderwood, Paul J., *Disorder and Progress. Bandits, Police, and Mexican Development*, Willington (EU), SR Books, 1992 (1981).

Vasconcelos, José, "No permanezcamos neutrales", en José Vasconcelos (ed.), *La caída de Carranza. De la dictadura a la libertad*, México, Antigua Imprenta de Murguía, 1920, pp. 60-66.

Veledíaz, Juan, *El general sin memoria. Una crónica de los silencios del Ejército Mexicano*, México, Random-House Mondadori, 2010 (2009).

Verza, María, "Madres en huelga de hambre para que México busque a sus desaparecidos", *Periodismo Humano*, 15 de mayo de 2013: http://periodismohumano.com/sociedad/libertad-y-justicia/madres-en-huelga-de-hambre-para-que-mexico-busque-a-sus-desaparecidos.html. Consultado el 14 de diciembre de 2013.

Villamil, Jenaro, *Peña Nieto: el gran montaje*, México, Grijalbo, 2012.

_____, *Si yo fuera presidente. El* reality show *de Peña*, México, Grijalbo, 2009.

Volpi, Jorge, *La imaginación al poder. Una historia intelectual de 1968*, México, Era, 1998.

Wright, Melissa, *Disposable Women and other Myths of Global Capitalism*, Nueva York, Routledge, 2006.

Zaid, Gabriel, *Antología general*, México, Océano, 2004.

Zermeño, Sergio, *La desmodernidad mexicana y las alternativas a la violencia y a la exclusión de nuestros días*, México, Océano, 2005.

Zizek, Slavoj, *El sublime objeto de la ideología*, trad. de Isabel Vericat Núñez, México, Siglo XXI, 2001 (1989).

Películas

10 de junio, crimen de Estado, dir. de Carolina Verduzco, México, Canal 6 de Julio, 2003.

Cadena perpetua, dir. de Arturo Ripstein, con Pedro Armendáriz Jr., Narciso Busquets y Ernesto Gómez Cruz, México, Conacine-Avant Films-Dasa Films, 1979.

Canoa, dir. de Felipe Cazals, con Arturo Alegro y Carlos Chávez, México, Conacite Uno, 1976.

El compadre Mendoza, dir. de Juan Bustillo Oro y Fernando de Fuentes, con Alfredo del Diestro y Carmen Guerrero, México, Interamericana Films, 1934.

El criminal, dir. de Fernando Durán, con Mario y Fernando Almada, México, Laguna Films, 1985.

El sicario. Room 164, dir. de Gianfranco Rosi, Francia, Robofilms-ARTE, 2010.

Heli, dir. de Amat Escalante, con Armando Espitia y Andrea Vergara, México, Mantarraya Producciones-Tres Tunas-No Dream Cinema, 2013.

La sombra del caudillo, dir. de Julio Bracho, con Tito Junco, Tomás Perrín y Carlos López Moctezuma, México, STPC, 1960.

Las abandonadas, dir. de Emilio Indio Fernández, con Pedro Armendáriz y Dolores del Río, México, Films Mundiales, 1944.

Los ladrones viejos: las leyendas de artegio, dir. de Everardo González, México, Artegios-Arte 7-Filmoteca de la UNAM, 2007.

Narcocultura, dir. de Shaul Schwarz, Ocean Size Pictures-Parts and Labor, 2013.